Do meu coração para o seu
Cartas de um homem de Deus

Publicações RBC

Do meu coração para o seu

Cartas de um homem de Deus

Do meu Coração para o seu. Cartas de um Homem de Deus
© 2007, 2012 Ministérios RBC. Todos os direitos reservados.

Autor: Mart DeHaan
Coordenação de Produção: Eduardo Lebedenco
Edição e Revisão: Rita Rosário, Thaís Soler
Tradução: Zeli Pombeiro, Astrid Rodrigues, Cordélia Willik
Projeto gráfico e capa: Audrey Novac Ribeiro

Dados Internacionais de Catalogação na Publicação (CIP)

Ministérios RBC
Do meu Coração para o seu. Cartas de um Homem de Deus por Mart DeHaan.
Tradução por Zeli Pombeiro, Astrid Rodrigues, Cordélia Willik – Curitiba/PR, Brasil,
Publicações RBC.

Título original: *Been Thinking About*

1. Fé 3. Homens
2. Vida cristã 4. Personagens bíblicos

Proibida a reprodução total ou parcial, sem prévia autorização, por escrito, da editora.

Todos os direitos reservados e protegidos pela Lei 9.610, de 19/02/1998.

O texto inclui o acordo ortográfico conforme Decreto n.º 6.583/08.

Exceto quando indicado no texto, os trechos bíblicos mencionados são da edição Revista e Atualizada de João Ferreira de Almeida © 1993 Sociedade Bíblica do Brasil.

Publicações RBC
Rua Nicarágua, 2128, Bacacheri, 82515-260, Curitiba/PR, Brasil
E-mail: vendas_brasil@rbc.org
Internet: www.publicacoesrbc.com.br • www.ministeriosrbc.org
Telefone: (41) 3257-4028

Código: UE108
ISBN: 978-1-58424-667-1

2.ª edição, 2012
2.ª impressão, 2012

Impresso nos EUA • Printed in USA

SUMÁRIO

Prefácio
1. A carta de confiança 9
2. Maturidade espiritual 13
3. Céu 19
4. Dez coisas que aprendi com meu pai 25
5. Dois ladrões 31
6. Ester: a história por detrás do Purim 35
7. O estudo da Bíblia 41
8. Guerra espiritual 47
9. Imponderáveis 53
10. Manifesto 57
11. O caminho da paz 63
12. O Código Da Vinci 69
13. O dia em que Deus morreu 75
14. O Estado contra Jó 81
15. O fator história 87
16. O que Deus falou para mim 93
17. O que é uma resposta branda? 99
18. Os valores de Cristo 105
19. Punindo-nos 111
20. Qual a mensagem da confiança? 117
21. Qual o valor do indivíduo? 123
22. A estrada para o realismo 129
23. Restauração no lar 135
24. Será que Deus tem favoritos? 139
25. Sobrecarga de informação 145
26. Uma profecia 151
27. Os sons da música 157

PREFÁCIO

Quando Mart DeHaan foi nomeado para a presidência de Ministérios RBC, em meados dos anos 80 do século 20, ele decidiu escrever suas ideias e opiniões num artigo mensal chamado *Pensando Sobre*.... Ao longo dos anos, a abordagem séria e equilibrada das Escrituras que Mart utiliza, atrai um número crescente de leitores que apreciam o seu trabalho.

Ministérios RBC têm a alegria de reimprimir esta compilação de artigos escritos pelo agora diretor de conteúdos — Mart DeHaan. Esperamos que a leitura dessas linhas cuidadosamente escritas contribua para a edificação da sua vida espiritual. Ao folhear essas páginas, com certeza, algumas dessas mensagens chamarão a sua atenção e trarão um novo discernimento às questões que você enfrenta em seu cotidiano. Você perceberá como o autor aprofunda-se em diversas partes das Escrituras; perceberá o seu respeito à divergência de opiniões e descobrirá os valores e princípios que ele adquiriu ao longo de sua vida, expressos de forma singular e cativante.

Aproveite estas reflexões sobre temas tão contemporâneos para meditar sobre as verdades bíblicas e praticá-las em seu cotidiano.

—Os editores do *Nosso Andar Diário*

A CARTA DE CONFIANÇA

Para aqueles que conheceram as emoções e as traições do conflito, as palavras a seguir são familiares: "Não consigo esquecer o que aconteceu. Eu não confio mais em você e não tenho certeza de que vou confiar novamente." Estas palavras são como a carta coringa. Quem a consegue vence o jogo. Não importa as cartas que outro jogador possa ter. Agora elas já não têm mais utilidade. São estes os sentimentos de alguém que escuta as palavras: "Desculpe-me, mas não consigo mais confiar em você. Tudo o que você disser ou fizer, não mudará em nada o que sinto por você."

A confiança mútua é tão importante para os relacionamentos sadios que parece desnecessário enfatizar o seu valor repetidamente. Todavia, também precisamos ser realistas. De uma forma ou outra, todos nós perdemos a confiança — em qualquer época ou momento, outros vão, provavelmente, perder a confiança em nós. Por mais difícil que seja a experiência, devemos ter em mente que a perda da confiança não é o fim do mundo. Mas então, o que podemos fazer quando perdemos a confiança nos outros, ou quando os outros perdem a confiança em nós? Se você está passando por estas situações, espero que estas reflexões possam ajudá-lo.

Não negue a dor da confiança perdida

A Bíblia diz: "Como dente quebrado e pé sem firmeza, assim é a confiança no desleal, no tempo da angústia" (Provérbios 25:19). Não precisamos nos martirizar ou agir com se algo estivesse errado conosco se não conseguirmos superar de forma piedosa os danos da infidelidade.

A confiança perdida precisa ser reconquistada

Quando *acabamos* com os outros, as Escrituras nos ensinam a admitir os danos que lhes causamos e agir para confirmar a mudança de nosso coração. Entretanto, devemos compreender que mesmo que sejamos perdoados, não podemos apagar as consequências da confiança abalada, dizendo simplesmente: "Eu estava errado. Você pode me perdoar?" Por mais importante que sejam as palavras para expressar o arrependimento e a mudança de coração, somente palavras não são suficientes para renovar a confiança. Dependendo da seriedade da ofensa, podem ser necessários dias, meses ou anos de comportamento fiel, para restaurar a confiança quebrada.

Ao mesmo tempo, se formos nós os atingidos, precisamos entender que por intermédio desta experiência dolorosa, aprendemos uma lição importante.

A nossa confiança deve ser colocada em Deus

A Bíblia pode não nos perguntar sobre o que pensamos quando se trata de confiar nos outros. Embora ela enfatize a importância de sermos pessoas de confiança, não consegui encontrar, propriamente, uma afirmação dizendo que devemos confiar uns nos outros. Pelo contrário, a Bíblia nos alerta repetidamente para não confiarmos em pessoas, mas somente em Deus

(Salmo 146:3, Provérbios 20:25; Jeremias 17:5,7). As Escrituras deixam claro que quando a nossa profunda confiança está em nós mesmos ou em outros, sem dúvida, experimentaremos decepções e até mesmo o desespero. Podemos confiar plenamente somente em Deus. Ele cumprirá todas as Suas promessas e isto é tudo o que precisamos.

> Podemos confiar plenamente somente em Deus. Ele cumprirá todas as Suas promessas e isto é tudo o que precisamos.

A Bíblia nos mostra como tratar aqueles que não merecem a nossa confiança

Justamente quando estava seguro de que confiaria naqueles que a merecem, li no livro de 1 Coríntios 13 que parece nos chamar à confiança, merecida ou não. Paulo disse: "[o amor] tudo sofre, tudo crê, tudo espera, tudo suporta" (v.7).

Será que isso significa que devemos confiar nosso dinheiro a algum estranho ou deixar os nossos filhos nas mãos de alguém suspeito de pedofilia? Não! O amor não é suficiente para impedir que um ofensor volte a ofender. Mas o amor pode passar adiante o tipo de confiança que permite aos outros provar que a sua confissão, o seu pesar e arrependimento, são verdadeiros. O amor pode demonstrar o tipo de confiança que reconhece como Deus pode agir com o coração arrependido. Quando o arrependimento é verdadeiro, a pessoa não exigirá os mesmos privilégios e liberdades que ela já desfrutava antes da confiança ser quebrada. Uma pessoa, cujo coração foi transformado por Deus, está disposta a prestar contas do que fez; a dar aos outros, lenta e resolutamente, razões para restabelecer a confiança. Quando pessoas que quebram a confiança não estão dispostas a restaurá-la, pouco a pouco — ou se aceita uma confiança limitada como expressão de desconfiança até mesmo como um insulto — nos dão boas razões para crer que não tiveram uma transformação verdadeira em seu coração.

Deus quer viver este tipo de amor por nosso intermédio

Somente quando aprendemos a confiar em Deus como nosso provedor e protetor seremos capazes de confiar a outros o nosso tempo, nossas orações e as expressões apropriadas de amizade. Somente quando vemos pessoalmente que Cristo é alguém de confiança, encontraremos algo melhor do que uma atitude como de uma pessoa que diz: "nunca mais vou confiar em você." Somente com a profunda confiança em Deus, não precisaremos jogar com o coringa da maneira como somos propensos a agir. Existe também a carta da confiança, a da sabedoria, das consequências, do amor, da prestação de contas mútuas, do Espírito, da confiança em Deus, do perdão e do tempo.

Senhor, mostra-nos como confiar em ti acima de todas as coisas, de maneira que possamos nos arriscar a confiar amorosamente uns nos outros.

MATURIDADE ESPIRITUAL

Os rabinos judeus tinham a sua opinião. Eles faziam mais do que compartilhar os conhecimentos da *Torá* e *Talmud*. O objetivo deles era deixar algo de si em seus discípulos.

Ben Sirach escreveu sobre isto 180 anos a.C, e expressa o ponto de vista judaico, quando ele fala de uma disciplina madura: "Quando o seu pai [mestre] morre, é como se não estivesse morto, pois ele deixa atrás de si alguém que se parece com ele".

Cristo tinha a mesma visão para os Seus discípulos, "O discípulo não está acima do seu mestre; todo aquele, porém, que for bem instruído será como o seu mestre" (Lucas 6:40). Ainda que ele não pertencesse a uma escola tradicional de um pensamento específico, Jesus seguiu o modelo rabínico, desejando que os Seus seguidores compartilhassem não somente o Seu conhecimento, mas também a Sua vida e Seu coração. Porém, o que significa ser como Cristo? Quais são as atitudes que nos caracterizam como Seu povo? Vamos testar nossos conhecimentos e ver o que significa "…serem conformes à imagem…" de Cristo (Romanos 8:29).

Verdadeiro ou falso? Alguém semelhante a Cristo:
1. Tem paciência ilimitada.
2. Não se zanga.
3. Não é pessoa negativa nem crítica.
4. Perdoa a todos.
5. Fala toda a verdade sempre.
6. Tem um sorriso para cada ocasião.
7. Responde a todos da mesma maneira.
8. Evita a companhia de descrentes.
9. Condena as pessoas sem princípios.
10. Fala bem de todos.
11. Evita conflitos.
12. Está em paz com todos.

Do meu ponto de vista, todos eles são falsos. Entretanto, é importante considerá-los. Se não formos cautelosos, poderemos pensar de forma equivocada sobre nosso Senhor, como se estivéssemos contemplando a estátua do "bom pastor", numa praça pública.

As muitas atitudes de Cristo

Os relatos dos evangelhos deixam claro que o nosso Senhor não tinha paciência ilimitada. Em duas ocasiões, Ele derrubou as mesas dos cambistas na casa de Seu Pai (João 2:15; Mateus 21:12). Jesus corrigiu as atitudes egoístas dos Seus amigos (Mateus 20:20-28) e confrontou os líderes religiosos que exploravam os Seus seguidores (Mateus 23:1-39).

Embora Ele nunca tivesse mentido, "…o próprio Jesus não se confiava a eles…", pois naquele momento eles não estavam preparados para isso (João 2:24; Mateus 13:10-15). Jesus nem sempre estava contente (Isaías 53:1-4). Algumas vezes, Jesus chorou (Lucas 19:41; João 11:35; 12:27). Ele se preocupava até com os Seus inimigos, mas tinha uma afeição especial às pessoas quebrantadas que o amavam (Lucas 6:27-36; João 14:21-23).

Embora ninguém pudesse acusá-lo de algo errado, Jesus era conhecido por investir Seu tempo com "publicanos e pecadores" (Lucas 7:34-39). Ele se recusou a condenar pessoas imorais e guardou as Suas mais duras críticas para os líderes religiosos, que regularmente condenavam os outros (João 3:17; Mateus 15:7-14).

Os Seus seguidores o consideravam um modelo de sanidade mental, todavia os Seus inimigos o acusaram de estar endemoniado e louco, e Seus próprios amigos e família pensaram que Ele estava fora de si (João 10:20; Marcos 3:21).

Uma frase que explica muitas atitudes

Um dos discípulos de Jesus resumiu a vida de Seu Mestre com apenas algumas palavras. Segundo João, o rabino que transformou a sua vida era "...cheio de graça e de verdade..." (João 1:14). Toda atitude de nosso Senhor tinha suas raízes na preocupação pelos outros e fundamentava-se na compreensão. Ele curou, confortou, chorou, riu, orou, derrubou mesas de cambistas e confrontou os líderes religiosos porque Ele entendia as necessidades dos outros — e se preocupava. Jesus falou a verdade com um coração cheio de amor.

Aprender de Cristo

Os que estiveram à mesa com Cristo ou que o seguiram por todo Israel, adquiriram mais do que conhecimentos da Bíblia e da sua doutrina. Ao investirem o seu tempo com Jesus, puderam conhecer o espírito e o coração da lei, e descobriram que todos os milagres poderosos de seu Mestre, Suas parábolas e pequenos atos de bondade tinham o objetivo, não somente de dar-lhes uma nova forma de pensar, mas também de remodelar os seus corações. Com pequenos e cambaleantes passos, eles aprenderam gradualmente a amar as pessoas mais do que o dinheiro, o poder ou a reputação.

Nas escadarias do templo, em ruas empoeiradas e quentes ou num barco assolado por tempestades, homens e mulheres que estiveram com Cristo viram nele atitudes que o ligavam ao céu. Eles viram nos Seus olhos não somente o reflexo de Seu Pai, mas das pessoas que Ele amou.

Abençoados os que reconhecem as suas necessidades espirituais, que choram pelo seu egoísmo e que entregam os seus corações a Deus para serem úteis aos outros (Mateus 5:1-10).

Ainda hoje podemos aprender com as Suas atitudes como os Seus discípulos aprenderam quando estavam com Ele. Ao olharmos pelas janelas dos evangelhos, vemos o Mestre de todos os mestres dizer aos Seus discípulos: Abençoados os que reconhecem as suas necessidades espirituais, que choram pelo seu egoísmo e que entregam os seus corações a Deus para serem úteis aos outros (Mateus 5:1-10).

Paulo expressou as mesmas atitudes com palavras diferentes, quando escreveu: "Nada façais por partidarismo ou vanglória, mas por humildade, considerando cada um os outros superiores a si mesmo. Não tenha cada um em vista o que é propriamente seu, senão também cada qual o que é dos outros. Tende em vós o mesmo sentimento que houve também em Cristo Jesus" (Filipenses 2:3-5).

O objetivo

A maturidade espiritual significa muito mais do que aprender a fazer a coisa certa ou perguntar: "O que Jesus faria?" Para agir como Cristo convém que reflitamos sobre: "Com quem Jesus se preocuparia? Quais seriam as preocupações dele?" Existe um ditado que merece ser ouvido novamente: "Ninguém se importa com o quanto sabemos até que lhes demonstremos o quanto nos preocupamos."

Pai celestial, quantas vezes agimos como pessoas que não refletem qualquer semelhança com Teu Filho. Pedimos-te ó Pai que nos capacite para fazer o que Tu queres. Ajuda-nos a refletir a mente e as atitudes de Cristo, para Tua honra, por amor a Ele, pelas nossas necessidades e para o bem de todos os que nos conhecem.

CÉU

Anseio por longas caminhadas com bons amigos, por compartilhar refeições sem pressa, e rir à beça sem zombar de ninguém.

Estou cumprindo as minhas responsabilidades visando ter tempo de sobra para ler, fotografar, pescar e fazer trabalho comunitário. Para o entretenimento casual não descarto a oportunidade de assistir a um jogo de futebol. Se meu palpite estiver correto, a competição entre amigos também será boa no céu. Fico pensando se haverá um jogo de *hockey* sobre o gelo sem nenhuma briga; jogo de futebol sem vaias; e finais de basquetebol em que o fato de saber perder seja tão valorizado quanto vencer o campeonato. Poderá até existir uma forma mais segura de boxe e corridas automobilísticas.

Um divagar bobo? Talvez. Um insulto a Deus? Espero que não! Tento imaginar um céu onde só exista o bem, em que o mal tenha ficado para trás.

Quando eu era criança, tinha medo que o céu fosse muito entediante. Não conseguia imaginar uma cidade com ruas de ouro e portões de pérolas. Por volta dos dez anos, o que eu mais gostava de fazer era jogar beisebol, colecionar fósseis e caçar sapos.

Nos anos que se seguiram, a morte de alguns familiares e amigos mudou a minha maneira de pensar a respeito do céu.

Mas eu ainda tenho questionamentos. O que faremos após trocarmos longos abraços, lágrimas de alegria e colocarmos a conversa em dia? Minha mente ainda se trava tal qual um computador sobrecarregado de informações, enquanto tento ponderar esses questionamentos sobre um 'futuro' que durará para sempre.

Ironicamente, o que me traz mais paz à consciência não é deixar minha imaginação divagar, mas aprender a confiar. Encontro paz quando penso que Deus não quer que saibamos o que Ele preparou para nós. Não ficaria surpreso se ouvisse o nosso Deus dizer algo assim, "Se eu lhe contasse, teria que levá-lo", ou ainda, com base na experiência do apóstolo Paulo, "Se eu lhe dissesse como será bom, teria que fazer a vida mais difícil para você agora."

> Deus viverá entre nós, na terra, e os animais selvagens pastarão juntos.

Paulo deixou esse mesmo pensamento subentendido ao descrever o que pensou daquilo que poderia ter sido uma experiência fora do corpo. Ele mesmo admitiu que não estava seguro do que tinha acontecido, porém, disse que foi levado aos céus onde "…ouviu palavras inefáveis, as quais não é lícito ao homem referir" (2 Coríntios 12:1-4). Aparentemente, seja lá o que Paulo tenha ouvido foi tão esplendoroso que o distraiu da dependência contínua da graça de Deus. Por isso, no tempo que Paulo esteve na terra, o Senhor dos céus permitiu que ele sofresse nas mãos de Satanás para que se mantivesse aos pés do Senhor (2 Coríntios 12:7-9).

Estou convencido que o mesmo Deus que ensinou Paulo a depender dele, um dia de cada vez, agora nos ensina a depender dele por toda a eternidade, o que ultrapassa nossa habilidade de entendimento. Então, quanto Deus quer que saibamos?

O céu nas Escrituras judaicas

Moisés e os profetas pouco mencionam a respeito do céu. Asafe, o líder de louvor de Israel, nos diz tanto quanto qualquer um diria quando se refere a seu Deus, "Tu me guias com o teu conselho e depois me recebes na glória. Quem mais tenho eu no céu? Não há outro em quem eu me compraza na terra" (Salmo 73:24-25).

Mais tarde o profeta Isaías prediz um novo vínculo entre o céu e a terra e um dia internacional de paz. Nesta ocasião Deus viverá entre nós, na terra, e os animais selvagens pastarão juntos (Isaías 2:4; 65:25). Isaías visualiza a renovação e restauração dos céus e da terra ao citar Deus dizendo: "Pois eis que eu crio novos céus e nova terra; e não haverá lembrança das coisas passadas, jamais haverá memória delas [...] e nunca mais se ouvirá nela nem voz de choro nem de clamor" (Isaías 65:17-19).

O céu nos ensinamentos de Jesus

Jesus falou com frequência sobre o reino dos céus, pois esta era a Sua maneira de falar do alcance do domínio de Deus. Em oração, Ele ensinou Seus discípulos a dizer, "...venha o teu reino; faça-se a tua vontade, assim na terra como no céu" (Mateus 6:10).

Entretanto, nosso Mestre, descreveu o céu como mais do que um lugar sob o governo divino, pois também o chamou de a casa do Seu Pai. Disse aos Seus discípulos que iria para lá preparar-lhes um lugar. "E, quando eu for e vos preparar lugar, voltarei e vos receberei para mim mesmo, para que, onde eu estou, estejais vós também" (João 14:3). Este será um lugar de alegria e recompensa eterna "...onde traça nem ferrugem corrói, e onde ladrões não escavam, nem roubam" (Mateus 6:19-20).

...lhes enxugará dos olhos toda lágrima, e a morte já não existirá, já não haverá luto, nem pranto, nem dor, porque as primeiras coisas passaram (Apocalipse 21:4).

Estou certo de que Deus está nos ensinando a depender dele por toda a eternidade. E tal compreensão ultrapassa a nossa habilidade de entendimento.

Céu no Apocalipse

O último livro da Bíblia reúne vários temas da criação original de Deus numa grande visão. No Apocalipse, os céus vêm até a terra. A cidade de Deus desce até nós. Deus habita entre Seu povo e "...lhes enxugará dos olhos toda lágrima, e a morte já não existirá, já não haverá luto, nem pranto, nem dor, porque as primeiras coisas passaram" (Apocalipse 21:4).

Agora e para sempre

Será que ainda creio nas possibilidades mencionadas anteriormente? Até certo ponto, sim! Afinal, as competições em que todos vencem podem ser comparadas a ruas de ouro ou portões de pérolas. Não tenho certeza. Não quero ficar contando com isto. A minha certeza é de que nosso Deus quer que ansiemos pela eternidade em Sua presença.

Estou convencido que Deus está planejando uma surpresa após outra, e que os céus serão mais do que aquilo que podemos imaginar, e não menos. E não importa o que isso signifique, pois tudo será centrado naquele que assegurou o céu aos Seus amigos com as seguintes palavras, "Não se turbe o vosso coração [...] E, quando eu for e vos preparar lugar, voltarei e vos receberei para mim mesmo, para que, onde eu estou, estejais vós também. E vós sabeis o caminho para onde eu vou" (João 14:1-4).

Deus que estás nos céus, ficamos confusos nesta escuridão que ainda não compreendemos. Obrigado por seres paciente conosco. Ajuda-nos a ver que a graça que nos mostras hoje é apenas uma pequenina amostra de Tua habilidade de usar toda a eternidade para nos surpreender cada vez mais com a Tua bondade.

DEZ COISAS QUE APRENDI COM MEU PAI

Junto às lembranças que me vêm à memória, recordo-me do que meu pai nos ensinou e aos que viviam e trabalhavam com ele.

Ao analisar as diversas perspectivas, posso afirmar que meu pai não teve uma vida fácil. Muito antes de ele enfrentar os problemas que teve com a retina, submeter-se a uma cirurgia cardíaca e ser diagnosticado com mal de Parkinson; ele vivia à sombra da personalidade determinante de seu próprio pai. Apesar de a maioria das pessoas conhecerem o nosso pai como o homem de voz forte; preocupado e estudioso fiel da Bíblia, nós, os mais próximos dele, sabíamos que ao longo do caminho, ele lutava com perguntas sérias e profundas quanto às suas habilidades pessoais e autoestima.

Olhando para trás, começo a compreender o quanto ele nos ensinou, não somente por meio de seus pontos fortes, mas também por suas reações aos seus pontos fracos.

Com certeza meus três irmãos concordariam que o nosso pai nos ensinou a:

Admitir os nossos erros

Lembramo-nos da disposição dele em admitir suas falhas e não sei por que razão essa característica se sobressai. Talvez por ter ouvido minha esposa falar sobre o quanto esta qualidade a impressionou. Quando ela nos visitou antes de casarmos, viu como meu pai aproximou-se da mesa de jantar e antes de sentar-se, desculpou-se à família por ter se irritado com minha mãe. Simplesmente não consigo pensar em algo mais importante do que admitir os seus próprios erros.

Não tentar ser outra pessoa

Meu pai sabia o que significava ser comparado ao seu capacitado e benquisto pai. Alguns lhe haviam dito que ele não tinha a capacidade de liderar Ministérios RBC que havia sido fundado por meu avô. As comparações lhe eram sempre difíceis. Mas com o passar do tempo, ele aproveitou esta experiência para nos demonstrar como ser a pessoa que Deus queria que ele fosse. Por ter enfrentado tais *trincheiras* na batalha com a autoestima, ele nos deu a liberdade que necessitávamos para sermos nós mesmos.

Ser honesto e sonhar alto

Meu pai nos mostrou a importância de sermos honestos nas pequenas coisas. Ele voltaria a um restaurante para devolver um troco indevido. O que outros consideravam *mentirinhas* eram questões enormes para ele. Ele nem sequer exagerava ao contar um fato. Para ele, assuntos de urgência ou financeiros não eram desculpas para esquecer o princípio bíblico: "Quem é fiel no pouco também é fiel no muito…" (Lucas 16:10). Entretanto, prestar atenção aos detalhes não o impedia de sonhar.

Seus sonhos de expansão do ministério pelos meios de comunicação e a multiplicação do ensino da Bíblia se tornaram realidade com o crescimento de Ministérios RBC.

Cuidar com o falar

Meu pai não participava da "videira" que fazia circular as notícias das falhas alheias. Não me lembro de tê-lo ouvido comentar sobre os erros de outros líderes. Talvez por ele mesmo ter sofrido por rumores e comentários indelicados.

Ele simplesmente aplicava as Escrituras que nos admoestam a amar uns aos outros. O livro de 1 Coríntios 13 continha uma de suas passagens bíblicas prediletas e ele a lia muitas vezes para toda a equipe de trabalho.

Não se considar mais do que um grão de sal

A sua relutância em criticar desnecessariamente os outros tinha uma razão de ser. Ele não dava grande atenção às biografias. Embora reconhecesse o valor das "histórias de grandes personagens", ele as via como um grão de sal, pois sabia que a verdadeira história de vida de alguém raramente era publicada.

Apreciar a companhia daqueles que nos são importantes

Meu pai trabalhava muito e era um líder responsável. Escrevia, reescrevia e editava as suas mensagens e devocionais até que alcançasse a simplicidade e a clareza que desejava. No entanto, como ninguém, sabia o momento de parar de trabalhar para apreciar a companhia das pessoas que amava. Ele gostava de caminhar na praia, ir para o campo na companhia de minha mãe e de jogar golfe com seus amigos. Lembro-me do quanto ele gostava de demonstrar-nos como usar a vara de pesca, jogando-a num lago silencioso para pescar dourados. Lembramo-nos também dos nossos jogos em casa acompanhados por uma bacia cheia de pipoca.

Cultivar o equilíbrio

Por experiência, meu pai aprendeu a ouvir os dois lados de um argumento. Em seus últimos anos, ele nos confidenciou que quando era um jovem gerente, ele ouvia um lado só quando surgia um conflito com um dos empregados e achava que já havia compreendido o problema.

Mas ao falar com outra pessoa, ouvia uma perspectiva completamente diferente. O equilíbrio e a justiça que ele cultivou nos relacionamentos com os empregados transpareciam também em outras situações. Aprendemos com ele as muitas formas de evitar os extremos, tanto na hora de pensar como na hora de agir.

Evitar brincadeiras irreverentes

Com o passar dos anos, percebemos que meu pai cultivava um temor sadio pelo Senhor. Caso dependesse dele, as brincadeiras e piadas em relação às Escrituras nunca teriam espaço. Não significa que ele não tivesse senso de humor, pois ele gostava de rir, mas determinava o limite quando alguém falava com irreverência sobre Deus ou a Sua Palavra.

Questionar a sua compreensão das Escrituras

Por causa da reverência que meu pai tinha pela Palavra de Deus, ele também nos ensinou a ter cuidado com a maneira como citávamos a Bíblia. Quando ele lia os textos escritos pelos autores de RBC, repetidas vezes questionava à margem: "A Bíblia realmente diz isto? Realmente?" Ele nos mostrou claramente que se desejássemos confiar ou ensinar estritamente o que Deus disse, precisávamos nos dispor a nos autoquestionarmos em nossas próprias motivações e interpretações pessoais.

Confiar em Deus e fazer o que é certo

Desde a morte de meu pai, muitos familiares, amigos e colaboradores concordaram em um ponto central que parece representar da melhor forma a vida dele. Grande parte do legado que ele nos deixou pode ser resumido nas palavras "Confie em Deus e faça o que é certo."

Lembramo-nos destas palavras repetidas num poema escrito pelo poeta escocês Norman Macleod (1812–72), o qual meu pai leu muitas vezes para a sua equipe de trabalho.

Coragem, irmão, não tropece,
mesmo que o seu caminho seja escuro como a noite.
Existe uma estrela que guia os trôpegos.
Confie em Deus e faça o que é certo.
Alguns vão odiá-lo, outros amá-lo,
alguns o lisonjearão, outros o menosprezarão;
Afaste-se do homem e olhe para cima.
Confie em Deus e faça o que é certo.

DOIS LADRÕES

A crucificação era uma tortura. Correias de couro ou lanças com pontas afiadas eram usadas para pendurar o homem condenado em um poste. À semelhança de um animal indefeso, preso num arame farpado, a vítima podia ainda viver por dias, com dores torturantes. A morte geralmente vinha por sufocação quando — pendurada pelas mãos — a vítima perdia as forças para respirar.

Três homens em três árvores

Na primavera do ano 33 d.C., a crucificação de três homens fora dos muros da cidade de Jerusalém, mudou o curso da história do mundo. Na antiguidade, esse acontecimento era comum no Oriente Médio. E mesmo assim, dois mil anos mais tarde, o mundo ainda fala sobre aquelas três mortes.

Encontrei uma explicação sobre o significado daquelas mortes, escrita na contracapa da Bíblia do meu avô. Eu achei significativas as palavras que meu avô, M. R. DeHaan, escreveu: "Um homem morreu sentindo-se culpado e com a culpa. Um segundo homem morreu como pecador, mas sem nenhuma culpa. O terceiro morreu com a culpa sobre si, mas não era culpado." Desde que encontrei esta afirmação, eu a guardo como uma simples, mas profunda descrição de algumas diferenças que todos nós precisamos compreender.

Um morreu sentindo-se culpado e com a culpa
Ele foi o primeiro dos dois ladrões executado naquele dia. Pela lei daquele país, estava recebendo o castigo que merecia. Condenado por um juiz que representava a autoridade do imperador romano, César, ele foi sentenciado e condenado. O primeiro ladrão parece ter morrido com muita ira, provavelmente estava com raiva de si mesmo por não ter escapado, irado com o juiz que o condenara e com todos aqueles que o tinham abandonado. Parecia estar ressentido com o homem inocente chamado Jesus, que estava pendurado ao seu lado.

O primeiro ladrão não estava sozinho em seu desprezo por Jesus, pois outros compartilhavam desse sentimento. Era fácil ficar furioso com alguém que dizia ser a luz e a esperança do mundo — mas estava pendurado como um criminoso comum, incapaz de salvar-se da morte. Irado com Jesus, por ser incapaz de ajudar a si mesmo ou a qualquer outro (Lucas 23:39), o primeiro ladrão morreu com o seu pecado dentro de si e sobre si.

> Jesus carregou a culpa do mundo. Ele morreu com o peso do pecado do mundo sobre si, mas não havia nenhum indício de culpa nele.

Um morreu como pecador, mas sem nenhuma culpa sobre si
Um segundo ladrão foi executado naquele mesmo dia. A princípio, ele se unira aos outros que ridicularizavam e insultavam Jesus. Por um momento, este segundo ladrão zombou de Jesus,

desafiando-o a salvar-se a si mesmo e a eles — se Ele realmente fosse o Messias prometido (Mateus 27:37-44).

Entretanto, quando a escuridão se completou, o coração do segundo ladrão se transformou. Voltando-se para o primeiro ladrão, ele disse: "...Nem ao menos temes a Deus, estando sob igual sentença? Nós, na verdade, com justiça, porque recebemos o castigo que os nossos atos merecem; mas este nenhum mal fez. E acrescentou: Jesus, lembra-te de mim quando vieres no teu reino" (Lucas 23:40-42).

> Jesus lhe respondeu:
> Em verdade te digo que
> hoje estarás comigo no paraíso
> (Lucas 23:43).

Esta pode ser uma das dez conversas mais importantes já registradas. Estas poucas palavras mostram o que declara o restante do Novo Testamento. O perdão dos pecados e a vida eterna são dados a todo aquele que crê em Jesus. Nada mais, nada menos. Somente a fé em Cristo determina o nosso destino eterno (João 3:16-18; Atos 16:31; Romanos 4:5; Efésios 2:8-9; Tito 3:5).

O segundo ladrão não teve tempo de colocar a sua vida em ordem. Não tinha tempo para nada a não ser crer em Jesus.

Neste processo, Ele nos deu um exemplo daquilo que é necessário para fazer parte da família eterna de Deus. Em resposta à expressão mais simples de fé, Jesus lhe assegurou o perdão. O segundo ladrão morreu como pecador, mas sem culpa.

O Juiz dos céus tirou a culpa dos ombros do segundo ladrão, colocando-a sobre Jesus, que carrega os nossos pecados.

O terceiro morreu com a culpa sobre si, mas não era culpado

Jesus carregou a culpa do mundo. Ele morreu com o peso do pecado do mundo sobre si, mas não havia nenhum indício de culpa nele. Três dias mais tarde, Ele ressuscitou dos mortos para mostrar que a Sua morte — tão trágica — não foi um engano.

Com um corpo cheio de cicatrizes, mas ressurreto, Jesus deu aos Seus discípulos todas as evidências que eles necessitavam para crer que Cristo havia se colocado no lugar deles na morte da cruz. O julgamento de Deus havia caído sobre Jesus em vez de permanecer sobre nós.

O que eu também acho maravilhoso é que esta é a nossa história. Nós estávamos lá. Nós estávamos lá porque Deus estava lá em nosso lugar, levando sobre si os nossos pecados. Nós também estávamos lá porque teremos que agir, quer seja como o primeiro ou como o segundo ladrão.

As palavras não fazem a diferença; a fé faz a diferença. Se você ainda não tem esta fé, mas a deseja, peça-a a Deus e Ele a dará.

Pai celeste, obrigado por ajudar-nos a ver. Vemos no primeiro ladrão a nossa primeira inclinação em odiar-te, em rejeitar o Teu amor e em deixar que a nossa ira nos afaste de ti e dos outros. Obrigado por abrandar os nossos corações para também podermos nos ver no segundo ladrão — que se tornou consciente de sua situação antes de ser demasiadamente tarde.

ESTER: A HISTÓRIA POR DETRÁS DO PURIM

Ester era uma órfã e manteve escondido um segredo de família até se tornar uma heroína nacional. Hoje, ela é honrada em sinagogas, ao redor do mundo e celebrada nas ruas de Israel durante o feriado judeu do Purim. Esse feriado é celebrado com alegria, roupas típicas e brincadeiras folclóricas para relembrar uma das maiores histórias da Bíblia.

Trama: Um ser invisível protege uma órfã judia para interromper uma conspiração de genocídio racial.
Lugar: A capital do Império Persa.
Época: Século 5.º a.C.
Elenco:

Assuero — Rei da Pérsia
Vasti — Rainha da Pérsia, divorciada por dizer "não"
Hamã — Primeiro-ministro da Pérsia
Ester — Hadassa, uma exilada judia, escolhida para substituir Vasti
Mordecai — primo de Ester e guardião
Deus — O Protetor invisível, não mencionado

ATO I

Durante seis meses, Assuero, o rei da Pérsia exibiu sua riqueza para oficiais de todos os lugares do seu reino. Para finalizar a sua grande festa, celebrou um banquete extravagante que durou sete dias.

No sétimo e último dia da festa real, as bebidas estavam liberadas, e o rei, que já havia bebido demais, pediu que trouxessem a rainha para exibir a sua beleza perante os seus súditos e nobres da corte.

Para embaraço do rei, Vasti disse "não". Sua resposta estarrece todo o palácio. Segundo os conselheiros do rei, a rainha deveria ser deposta. Se ele tolerasse tal insubordinação, as mulheres em todo o Império seguiriam o seu exemplo. Elas veriam o exemplo da rainha e tratariam seus próprios esposos com desdém.

Assim, Assuero enviou cartas a todas as partes do reino com uma mensagem a todas as mulheres. Vasti é destronada e excomungada da presença do rei. Os homens deveriam mandar em sua própria casa. O decreto do rei torna-se uma lei dos Medos e Persas.

ATO II

Quando cessa a indignação do rei Assuero, ele se lembra de Vasti e do que ele perdeu. Seus conselheiros o consolam, tecendo um plano para encontrar uma mulher que fosse mais digna da coroa. Enviaram mensageiros para as 127 províncias da Pérsia, a fim de trazer as mulheres mais lindas de todo o Império para o palácio do rei.

Uma das mulheres incluídas na escolha nacional para ser rainha foi uma jovem judia chamada Hadassa, que vivia sob os cuidados de seu primo mais velho e guardião do rei, Mordecai, desde que seus pais haviam morrido. Por sua insistência, Hadassa recebeu um nome persa, Ester, para não chamar atenção à sua origem judaica.

A beleza de Ester se sobressai. Os olhos do Império se voltam para ela ao emergir da obscuridade para usar a coroa da rainha da Pérsia.

> ...e quem sabe se para conjuntura como esta é que foste elevada a rainha?
> (Ester 4:14)

ATO III

Mordecai permanece nas proximidades. Certo dia, sentado junto à porta do palácio real, ouviu dois oficiais conspirarem para assassinar o rei Assuero. Ele relatou o plano para Ester e ela conta ao seu esposo e os dois conspiradores são presos e enforcados. Como resultado de seu ato, Mordecai recebe honras no registro nacional da Pérsia. Porém, a honra de Mordecai logo cai no esquecimento.

Não muito tempo depois, ele enfrenta problemas por não se prostrar diante de Hamã, o primeiro-ministro do rei.

Quando Hamã descobriu que Mordecai era um judeu que somente se prostrava diante do seu Deus, ele convenceu o rei que o povo judeu era um risco para a segurança nacional. explicou-lhe que eles têm suas próprias leis e resistiam associar-se a outros povos. Ele encorajou o rei a resolver este problema por meio de uma lei que exterminaria o povo judeu. O rei aceita o plano, não sabendo até aquele momento que sua esposa era judia.

Quando Ester descobriu a conspiração, ela se encontrou em grandes dificuldades. Colocar-se ao lado do seu povo contra a lei da exterminação significaria revelar sua origem. Com toda certeza, tal descoberta resultaria não somente na perda da coroa, mas também da sua vida. Mordecai, entretanto, a aconselhou: "Porque, se de todo te calares agora, de outra parte se levantará para os judeus socorro e livramento, mas tu e a casa de teu pai perecereis; e quem sabe se para conjuntura como esta é que foste elevada a rainha?" (4:14).

Ester sentiu qual era o seu destino e o risco que corria, e concordou em usar a sua influência para socorrer o seu povo e diz: "…se perecer, pereci" (4:16).

ATO IV

Os céus ajudaram a rainha. O rei teve uma noite de insônia e ordenou que trouxessem o livro das Crônicas do seu reinado e o lessem para ele. Quando um dos seus oficiais lia todos os detalhes do reino, detém-se sobre os fatos que envolviam Mordecai, que fez saber ao rei a respeito de uma conspiração para matá-lo. Assuero compreendeu que nada tinha feito para honrar o homem que salvara a sua vida.

Ao amanhecer, a intriga se transformou em ironia. O rei pediu que o seu primeiro-ministro honrasse a Mordecai. Hamã foi obrigado a cantar louvores ao homem que antes desprezara. Pouco tempo depois, Ester desmascarou Hamã de forma inteligente, pois este era o homem que intentou matar ela e sua família. Na sequência Hamã foi enforcado, na mesma forca que havia construído para Mordecai. Em vez de o povo judeu ser exterminado, este povo exilado encontrou as forças que precisavam para derrotar aqueles que tinham a intenção de matá-lo.

Ester — uma história atual
Deus não é mencionado nem uma vez nas páginas que trazem o nome de Ester. Todavia, no desenrolar do drama da Bíblia, este capítulo da história mostra que Deus não precisa ser mencionado para estar presente. A história de Ester é um tributo eterno ao Deus que não precisa ser anunciado ou compreendido para ser reconhecido. Ele é o Deus da noite de insônia e da surpresa final. Ele é o Deus que age por nós na escuridão, na confusão e nos temores das nossas vidas.

Essa história não trata apenas de Ester. É uma história do Deus que, além de ser nosso Provedor e Protetor, pode nos usar para darmos ajuda aos outros. Quem pode imaginar que, assim como Ester, podemos nos encontrar diante dos olhos do destino ao contemplarmos as necessidades de uma criança ferida, um vizinho solitário, um colega de trabalho assustado ou um cônjuge desiludido? Quem pode dizer que o céu não nos trouxe a este lugar para um momento como este? (Ester 4:14).

Pai celestial, ajuda-nos a reconhecer de que maneira podemos cumprir a Tua vontade.

O ESTUDO DA BÍBLIA

Ainda hoje, ainda não estou onde esperava estar com os meus conhecimentos da Bíblia. O conhecimento que tenho também não me protegeu da minha profunda decepção comigo, dos outros e até de Deus.

Admitir isso não é fácil para mim. A Bíblia é a fonte das minhas mais profundas convicções. Respeito este livro mais do que qualquer outro nesta terra. Embora as Escrituras não mereçam a minha adoração, elas são a janela através da qual eu espero ver todo o cenário da vida.

Mas é exatamente porque a Bíblia é tão importante para mim, que fico nervoso quando o Livro e a minha vida não combinam entre si. Creio fortemente nela, por isso sinto-me perturbado quando as minhas próprias experiências me fazem indagar se supervalorizei a importância da leitura, do estudo e do conhecimento das Escrituras. Observe estes exemplos.

Primeiro, embora a Bíblia seja um sucesso de vendas, o estudo pessoal das Escrituras é um fenômeno recente. Cópias exclusivas não eram comuns até bem depois do aparecimento da imprensa no século 15. A disponibilidade das edições de bolso e as cópias pessoais são recentes. Como pode então, o estudo da Bíblia ser tão importante quando, nas gerações anteriores, ele nem constituía uma opção?

Segundo, se as pessoas mais instruídas que eu argumentam sem descanso sobre o significado da Bíblia, de que maneira posso compreendê-la de forma razoável? Como posso encontrar sentido num livro interpretado de forma diferente pelos eruditos ou por crenças religiosas diversas?

Terceiro, nem sempre todas as pessoas que conhecem melhor a Bíblia, são as melhores pessoas. Todos nós já vimos exemplos perturbadores de *peritos* da Bíblia, cujas vidas privadas não combinam com os seus discursos públicos. Vimos também o mau uso da Bíblia — que às vezes fere mais do que sara; como um bêbado faz uso de um poste de luz para sustentar-se e não para iluminar o seu caminho. Qual é o valor do estudo da Bíblia, se ele não melhora as vidas de quem a lê?

O que faço com estas perguntas? Com o passar dos anos, descobri três boas razões para questionar minhas próprias dúvidas. Quando chega a desilusão, eu me volto para os fatos reais que conheço.

Em *primeiro* lugar, sei que Jesus conhecia, amava e dependia das Escrituras. Uma das coisas mais importantes que podemos dizer sobre o nosso Mestre é que Ele confiava no Seu conhecimento do que "está escrito" para a Sua sobrevivência espiritual. Jesus não confiou em Seus próprios pensamentos para defender-se espiritualmente. Em vez disso, Ele mostrou a Sua dependência nas Escrituras, dizendo: "…Está escrito: Não só de pão viverá o homem, mas de toda palavra que procede da boca de Deus" e "…Retira-te, Satanás, porque está escrito: Ao Senhor, teu Deus, adorarás, e só a ele darás culto" (Mateus 4:4,10). Então, citando as Escrituras uma terceira vez, Jesus respondeu ao seu inimigo: "...Dito está: Não tentarás o Senhor, teu Deus" (Lucas 4:12). O Filho de Deus uniu-se a um grande grupo de pessoas que acreditavam no conhecimento das Escrituras como a chave para a sobrevivência espiritual.

Antes de termos cópias das diversas versões da Bíblia, as pessoas espiritualmente famintas encontraram formas de refletir sobre os pensamentos e os caminhos de Deus (Salmo 119:1). Por muitas gerações, as Escrituras foram apenas lidas e ensinadas em público. Os indivíduos aprendiam pela palavra falada, pela repetição e por memórias ainda não entorpecidas pela sobrecarga das informações atuais. Pais e mães contavam e recontavam as histórias dos milagres do Êxodo, da ira de Moisés, da coragem de Ester, dos escândalos e da força de Sansão. Poucos dentre nós puderam aprender sobre a Bíblia de forma tão minuciosa. Nossa necessidade por um estudo pessoal provavelmente é maior do que o das gerações anteriores.

> O Filho de Deus uniu-se a um grande grupo de pessoas que acreditavam no conhecimento das Escrituras como a chave para a sobrevivência espiritual.

Segundo, descobri que muita coisa da Bíblia pode ser aprendida por quem quer entendê-la. Sempre fico impressionado quando o significado da mensagem de um livro pode ser descoberta simplesmente aplicando a regra do contexto. Deixar que os pensamentos precedentes e posteriores a uma passagem derramem luz sobre o texto, permite que o significado desejado venha a ser esclarecido. Admito, existe muita coisa em relação à Bíblia, que nunca entenderei. Quanto mais aprendo, mais compreendo que nada sei sobre o nosso infinito e eterno Deus. Mas também descobri que mesmo tendo perguntas e mais perguntas, sinto-me maravilhado quando leio sobre relacionamentos e quando digo do fundo do meu coração: "Senhor, deixa-me ver o que queres que eu veja na Tua Palavra."

Terceiro, apesar das minhas contínuas lutas em confiar em Deus, a Bíblia me transformou. Em muitas situações críticas, as palavras específicas das Escrituras alteraram a minha perspectiva, melhoraram a minha atitude e reviveram a minha esperança. Em momentos, quando nem sequer quis ler a Palavra de Deus, encontrei passagens que sacudiram as minhas dúvidas, subjugaram a minha ira, aliviaram os meus temores e trouxeram clareza à minha confusão.

Preciso compreender que o propósito e o objetivo do estudo da Bíblia não é o conhecimento, mas um relacionamento pessoal com o Criador que me fez, morreu por mim e oferece viver a Sua vida por meu intermédio.

Mas será que o conhecimento da Palavra de Deus vai aproximar-me mais dele? Se eu guardar as Suas palavras na mente e no coração, sim. Se o meu estudo me levar a orar ao

Senhor, sim. Preciso compreender que o propósito e o objetivo do estudo da Bíblia não é o conhecimento, mas um relacionamento pessoal com o Criador que me fez, morreu por mim e oferece viver a Sua vida por meu intermédio.

Será que tenho o tempo necessário, ou eu o utilizo somente para aquilo que coloco como prioritário? Tenho um compromisso com Deus? Tenho energia somente para as minhas prioridades, ou também para permitir que Deus aja em minha vida?

Pai, por favor, livra-nos da distração e da dúvida. Dá--nos corações famintos pela Tua Palavra, da mesma maneira como os nossos corpos famintos anseiam pela próxima refeição. Abre os nossos olhos para o que queres que vejamos. Capacita-nos a pensar constantemente em Tua Palavra.

GUERRA ESPIRITUAL

Em uma das histórias mais antigas da Bíblia, o coração de um homem é apanhado em fogo cruzado entre um líder rebelde e o Rei do universo. De acordo com Satanás, Deus comprou o coração de Jó dando-lhe proteção em troca da sua lealdade.

Em resposta a esta acusação de suborno, Deus permitiu que Satanás testasse Jó com uma série de perdas avassaladoras. No limiar do sofrimento de Jó, três amigos e um observador aprofundam o seu sofrimento, acusando-o de ocultar um pecado que poderia explicar o motivo de tamanho sofrimento. Numa série de argumentos eloquentes e cheios de ira, Jó e os seus amigos se insultam e se agridem mutuamente até que Deus fala em meio a uma tempestade e acaba com o conflito. Embora Deus não tenha dado a Jó as respostas que ele buscava, a história deste servo combina com o restante das Escrituras e nos traz uma visão da arte da guerra espiritual.

Deus constrói muros de proteção

Jó intercedeu fielmente por seus filhos e as suas orações indicam o seu caráter. Contudo Jó não pôde pedir proteção àqueles a quem amava. O Rei do universo delimitou a fronteira para o inimigo espiritual de Jó (Jó 1:9-12). Deus é aquele que em Sua sabedoria e bondade constrói e derruba os muros de proteção. Se não fizermos essa distinção, confiaremos mais em nossas orações do que em nosso Senhor.

> Embora Deus não tenha dado a Jó as respostas que ele buscava, a história deste servo combina com o restante das Escrituras e nos traz uma visão da arte da guerra espiritual.

O diabo não é o nosso maior problema

A história de Jó é uma lembrança intemporal de que mesmo que tenhamos inimigos em lugares elevados (Jó 1; Efésios 6:12), somos o nosso pior inimigo. Deus tinha Satanás numa trela, sob Seu controle. E este anjo rebelde não podia fazer além do que Deus lhe permitisse. A verdadeira emboscada veio do próprio Jó, dos seus e de seus amigos. Todos eles estavam cegos e propensos a confiar em si próprios em vez de confiarem em Deus e naquilo que somente Deus podia ver e explicar.

Não subestime o inimigo

Deus não pediu a Jó que medisse forças ou lutasse com o príncipe das trevas. Ele reservou esse papel para si mesmo. De acordo com o Novo Testamento, falar com arrogância contra Satanás é um sinal de falso ensinamento (2 Pedro 2:10-12).

Miguel, o arcanjo, revelou humildade e transferiu para Deus a sua responsabilidade de lutar com o Diabo. Ao invés de partir do princípio de que tinha autoridade sobre Satanás, Miguel não ousou desafiar o seu inimigo, mas disse: "...O Senhor te repreenda!" (Judas 1:9).

Estratégia baseada na verdade

Quando o Senhor se encontrava com pessoas possuídas por demônios, Ele usava com frequência a Sua autoridade para afugentá-los. Mas quando Ele próprio foi tentado pelo Diabo, Ele resistiu ao Seu inimigo citando repetidas vezes a Palavra de Deus, em resposta a cada proposta de Satanás (Mateus 4:1-11).

A segunda abordagem consta da clássica passagem do Novo Testamento que compara as nossas defesas espirituais à armadura de um soldado romano (Efésios 6:10-18).

1. **O cinto da verdade** nos lembra a importância de dizer a verdade. Integridade pessoal é uma prioridade do conflito espiritual. Mesmo quando o medo de sermos expostos nos incita à mentira, é muito melhor ser honesto do que tropeçar em nós mesmos na presença dos nossos inimigos. As mentiras são autodestrutivas. Ao travarmos batalhas espirituais é fundamental que tenhamos um compromisso em sermos honestos com Deus e com os outros.

2. **A couraça da justiça** tem pelo menos duas conotações. Primeiro, ela representa a dádiva protetora da inocência que o nosso Senhor usa para salvaguardar aqueles que confiam nele. Ninguém pode condenar com sucesso uma pessoa justificada por Cristo (Romanos 8:31-34). Segundo, esta peça da armadura lembra-nos de fazer o que está certo. O nosso inimigo

adora nos apanhar fazendo algo que possa ameaçar a nossa missão e dar-lhe acesso irrestrito às nossas vidas.

3. **Os pés calçados** com a preparação do evangelho da paz nos dão uma razão para estarmos preparados para a ação. Fomos chamados para sofrer dificuldades como bons soldados de Jesus Cristo (2 Timóteo 2:3). O nosso caminho não será fácil. Devemos estar prontos para correr em chão difícil e pedregoso o qual se encontra entre nós e aqueles que precisam fazer a paz com quem morreu por eles.

4. **O escudo da fé** recorda àqueles sob ataque, a importância de confiar no Senhor, em lugar de confiar em seus pensamentos e emoções naturais. Missões de salvamento não são para os medrosos. O inimigo sabe como nos assustar com setas de dúvida e medo. Contudo, é mais fácil confiar em Cristo no calor da batalha do que nos escondermos em abrigos que tenhamos construído.

Os nossos corações clamam por muitas respostas que o nosso Pai celestial retém intencionalmente.

---

5. **O capacete da salvação** também é descrito como "…a esperança da salvação" (1 Tessalonicenses 5:8), e entre outras coisas nos recorda como é importante pensar no futuro. Da mesma maneira que Jó, também podemos não compreender o que está por detrás das circunstâncias em nossas vidas. Deus deseja que protejamos as nossas mentes e confiemos na salvação que é a nossa proteção e nos leva ao céu.

6. A espada do Espírito é a Palavra de Deus. No conflito espiritual, precisamos nos lembrar que "As coisas encobertas pertencem ao SENHOR, porém as reveladas nos pertencem, a nós e a nossos filhos, para sempre..." (Deuteronômio 29:29). Os nossos corações clamam por muitas respostas que o nosso Pai celestial retém intencionalmente. Ele pede que depositemos nossa confiança nele, pois há coisas que somente a Ele pertencem.

7. Vigiar constantemente nos lembra que "...orando em todo tempo..." uns pelos outros é nossa responsabilidade (Efésios 6:18). Interceder por outros é uma maneira de reconhecermos que o nosso inimigo pode ser derrotado não por nossa força, mas pelo Espírito de Deus, em Seu tempo e maneira.

Pai celestial, muitas vezes, sentimo-nos confusos pelos problemas que permites que atinjam as nossas vidas. Ajuda-nos a depender do que só o Senhor pode ver nesta escuridão. Queremos resistir ao maligno que te odeia. Por favor, ajuda-nos a nos humilharmos perante ti como fez o Teu servo Jó, reconhecendo a Tua autoridade, poder e sabedoria ilimitada.

IMPONDERÁVEIS

Qual a origem de Deus?

Será que Ele poderia ter feito uma rocha pesada demais para Ele mesmo ser incapaz de sustentar? Não ria.

Sei que muitos questionam a origem de Deus por milhares de anos.

Mas de onde Ele veio? Por que existiria algo no início, a não ser o nada? Por que a eternidade deveria ser preenchida com alguma existência, deixando Deus sem um propósito? Se Deus nunca teve um começo, o que Ele fazia na eternidade nos milhares de anos que já se passaram antes de qualquer história ser registrada? Se Deus nunca teve início, haveria sentido questionar de onde Ele veio?

Tais perguntas podem parecer irreverentes e imprudentes, mas às vezes me fazem sentir como se estivesse perdendo a cabeça. Não consigo descobrir como Deus poderia ou não existir, ter ou não um começo.

De maneira alguma posso pensar em uma resposta que seja minimamente compreensível. Algumas vezes a falta de respostas exaure a minha mente e me sinto estranhamente próximo ao Deus da Bíblia. Quando estou muito cansado para pensar, olho para o cachorro deitado aos meus pés e também desejo descansar tranquilo aos pés do autor da pergunta: "A quem, pois, me comparareis para que eu lhe seja igual?..." (Isaías 40:25).

Nesses momentos, fico a pensar que se o meu cachorro pode confiar em mim sem ao menos ser capaz de entender o que não posso lhe explicar, então também posso confiar num Criador que sabe infinitamente mais do que eu poderia compreender.

A confiança que anelo não é algo sem sentido. Nos momentos em que me aprofundo em pensamentos sobre o milagre da existência, procuro nem piscar os olhos. Quando sinto o pulsar da vida, nem o meu travesseiro favorito me faz desejar dormir. Nada se torna óbvio quando esses momentos de questionamento se voltam às coisas eternas.

> As coisas encobertas pertencem ao Senhor, nosso Deus, porém as reveladas nos pertencem, a nós e aos nossos filhos, para sempre, para que cumpramos todas as palavras desta lei (Deuteronômio 29:29).

Ninguém pode levar a vida tão seriamente sem intervalos por muito tempo. Todos nós precisamos de momentos de descanso e agito. Nos momentos de descanso deixamos de pensar em Deus? Como compreender o início da existência de Deus? Temos visto Seus milagres, não negamos o que as Escrituras declaram, pois vemos que os céus e a terra estão cheios da Sua glória.

Com tantas informações disponíveis através da internet, poderíamos até imaginar que um dia o homem compreenderia tudo e agiria como se fosse autossuficiente.

Poderemos agir como se o conhecimento fosse Deus. Nossas esperanças não podem ser colocadas numa moderna torre de Babel. Nem podemos agir como Adão e Eva — que ignoraram o que Deus tinha dito enquanto tentavam compreender aquilo que Deus não lhes dera conhecer.

O que Moisés escreveu sobre o conhecimento e suas limitações, ainda é verdade. "As coisas encobertas pertencem ao Senhor, nosso Deus, porém as reveladas nos pertencem, a nós e aos nossos filhos, para sempre, para que cumpramos todas as palavras desta lei" (Deuteronômio 29:29).

Perdoa-nos, Pai celestial, por usar o que o Senhor ocultou como uma desculpa para ignorar o que já fizeste. Perdoa-nos por pensar que é mais importante compreender sobre o início de todas as coisas do que confiar em ti.

MANIFESTO

Os Manifestos declaram ideias revolucionárias. O Manifesto Comunista em 1848 exigia a redistribuição da riqueza. As 95 Teses de Martinho Lutero, em 1517, afirmavam a salvação somente pela fé, e a Declaração de Independência das 13 colônias nos EUA, em 1776, permitiu que os cidadãos tivessem o direito de se manifestar.

Contudo, a declaração mais revolucionária de todas foi a de Jesus, no limiar do primeiro século, no Sermão do Monte. Com menos palavras do que o discurso de Lincoln em Gettysburg, ou *I Have A Dream* (Eu Tenho um Sonho) de Martin Luther King, Jesus de Nazaré pôs os valores comuns do avesso e de cabeça para baixo. Com ideias que eram o mais contracultura possível, Ele nos deu razões para declarar:

Considerando que o melhor homem e o mais sábio que o mundo conheceu mudou a história com o aguilhão das Suas palavras em vez de utilizar a ponta da espada;

Considerando que Ele declinou aceitar o poder político, mesmo que estivesse ao Seu alcance;

Considerando que Ele nos ensinou a viver pelo modo como morreu,

Decidimos que procuraremos mudar o nosso mundo pelo ação do Espírito Santo e por atitudes que encontramos em Cristo.

Para este fim, confessamos que o Senhor nos deu um novo modo de vermos a nós mesmos e aos outros, quando Ele viu as multidões de pessoas sofridas que o seguiam e disse:

1) "Bem-aventurados os humildes de espírito, porque deles é o reino dos céus" (Mateus 5:3). Na presença daquele que curou pernas mirradas e olhos cegos para conquistar o direito de ser digno de confiança descobrimos que os nossos problemas nos fizeram um favor. As nossas perdas materiais e falhas morais levaram-nos àquele que pode nos ajudar. Por não podermos nos ajudar, nós o seguimos tempo suficiente para ouvir as Suas palavras:

Jesus de Nazaré pôs os valores comuns do avesso e de cabeça para baixo. Com ideias que eram o mais contracultura possível.

---

2) "Bem-aventurados os que choram, porque serão consolados" (v.4). Quando os nossos corações quebraram sob o peso dos nossos erros, as ideias deste Mestre fizeram sentido. Com a Sua ajuda, vimos que os nossos problemas não estavam enraizados em maus líderes ou leis e circunstâncias erradas, mas em nós mesmos. Somente quando vimos a nossa necessidade de perdão é que encontramos o conforto que buscávamos. Somente quando fomos assegurados de um futuro melhor do que alguma vez pensávamos ser possível, pudemos ver porque o nosso Rei disse:

3) "Bem-aventurados os mansos, porque herdarão a terra" (v.5). Na presença daquele que caminhou sobre as águas, acalmou a tempestade, e trouxe paz ao mais atribulado dos corações, descobrimos que a nossa submissão a Ele nos dá força e coragem interior. Ao declararmos a nossa entrega a Ele, vimos que a terra sobre a qual nos ajoelhamos não era para conquistar, mas dele, entregue à nossa confiança. Na certeza da Sua promessa estávamos dispostos a ouvi-lo dizer:

4) "Bem-aventurados os que têm fome e sede de justiça, porque eles serão fartos" (v.6). Ao aprendermos novas maneiras de nos relacionarmos uns com os outros, encontramos uma paz que substitui a sede do nosso conflito. Ao desejarmos agir como Ele, compreendemos que a vida de Jesus começa a manifestar-se em nós. Ao convivermos com outros, exercitando a paciência e amor que encontramos em Cristo, descobrimos uma liberdade de espírito que se traduz por palavras:

5) "Bem-aventurados os misericordiosos, porque alcançarão misericórdia" (v.7). A partir do exemplo do nosso Mestre, descobrimos que não há honra ao julgar os outros, mas na demonstração de misericórdia com aqueles já condenados pelas suas ações. Ao oferecermos a nossa bondade que era necessária e imerecida, começamos a respirar o ar do céu. Com um rio de misericórdia a transbordar das nossas vidas, nós experimentamos a limpeza prometida nas palavras:

6) "Bem-aventurados os limpos de coração, porque verão a Deus" (v.8). Temos novos motivos para encontrar pureza de coração que nos permitem ver mais de Deus do

que jamais vimos. Ao alcançarmos os outros com a graça que nos foi revelada, vemos o próprio Deus agir em nós e por nosso intermédio. Ao vê-lo amar as pessoas que considerávamos intocáveis, nós começamos a compreender porque Ele disse:

7) "Bem-aventurados os pacificadores, porque eles serão chamados filhos de Deus" (v.9). Ao procurar a paz, refletimos que está no coração e nos caminhos do nosso Pai. Ao olharmos para os outros como seres por quem Cristo morreu, vemos como é importante evitar compromissos ou associações que possam nos distrair da nossa missão.

> Ao olharmos para os outros como seres por quem Cristo morreu, vemos como é importante evitar compromissos ou associações que possam nos distrair da nossa missão.

Porém, por sabermos que seríamos malcompreendidos como Ele o foi, nos animamos nas palavras: Ao alcançarmos os outros com a graça que nos foi revelada, vemos o próprio Deus agir em nós e através de nós.

8) "Bem-aventurados os perseguidos por causa da justiça, porque deles é o reino dos céus. Bem-aventurados sois quando, por minha causa, vos injuriarem, e vos perseguirem, e, mentindo, disserem todo mal contra vós. Regozijai-vos e exultai, porque é grande o vosso galardão nos céus; pois assim perseguiram aos profetas

que viveram antes de vós" (vv.10-12). Nestas promessas, somos lembrados de que há um preço a pagar por sermos fiéis ao nosso Rei. No entanto, se sofremos ofensas, queremos que essas sejam por causa da tarefa que Ele nos confiou. Embora haja muitas causas morais e políticas dignas, sabemos que apenas uma batalha importa. Com confiança e convicção prosseguimos:

Portanto, sustentamos este princípio como óbvio: O melhor para nós próprios e para os nossos vizinhos começa com uma mudança interior, não apenas de circunstâncias.

E, por isso oramos que com a ajuda de Deus possamos aprender do nosso Rei a maneira como devemos nos relacionar com os nossos amigos e com os nossos inimigos — para honrar o nosso Rei, e para o bem de todos, por quem Ele morreu.

O CAMINHO DA PAZ

No protetor de tela do meu computador há um lembrete diário de um dos pensamentos mais importantes que já tive: "O único caminho para a paz mental é ver cada dia como uma oportunidade de confiar em Deus e amar as pessoas."

Muitas vezes, ver cada circunstância como uma oportunidade de descobrir o que realmente importa diminui minha ansiedade e esfria a minha ira.

"O único caminho para a paz mental é ver cada dia como uma oportunidade de confiar em Deus e amar as pessoas."

Mesmo essas palavras não sendo uma citação direta das Escrituras, refletem o cerne da carta que Paulo escreveu da prisão aos filipenses. No desconforto da prisão, enquanto ex-amigos o acusavam de ser uma ameaça à sociedade, Paulo estabeleceu o fundamento para a "...paz de Deus, que excede todo o entendimento..." (Filipenses 4:7).

Onde podemos encontrar esta paz?

Sabemos que esta paz não nos isenta das preocupações e perdas e não nos poupa de lutas emocionais interiores.

Paulo descreveu uma paz profunda, estável, que vem de Deus como um presente do Seu Espírito. É a calma da alma que nos faz ter certeza da bondade e da presença de Deus — mesmo quando as emoções sussurram e gritam sem cessar. Como uma garantia de valor inestimável, esta paz é mais um "conhecer" do que um "sentir".

É nesse ponto que precisamos ter cuidado. Embora a paz de Deus seja um dom do Espírito, devemos fazer algumas escolhas em três circunstâncias da nossa vida.

> Embora a paz de Deus seja um dom do Espírito, devemos fazer algumas escolhas em três circunstâncias da nossa vida.

Primeira circunstância — As questões superficiais ameaçam a nossa paz mental. Como a nossa tendência natural é permitir que estas questões superficiais roubem a nossa paz, Paulo nos orienta de duas maneiras. Ele, primeiramente, nos encorajou a apresentar todos os nossos pedidos a Deus para experimentarmos uma paz que vai além da nossa capacidade de compreensão (Filipenses 4:6-7). Em seguida, ele nos exortou a pensarmos naquilo que é verdadeiro, puro e de boa fama, e afirmou que se seguirmos seu exemplo, o Deus da paz estará conosco (4:8-9).

Até há pouco tempo, eu entendi mal a segunda destas estratégias. Eu achava que o apóstolo estava dizendo: Se você quiser ter paz, cultive bons pensamentos. Seja positivo. Não pense o pior. Pense o melhor sobre as pessoas e a vida. Em retrospectiva, eu deveria ter entendido melhor o que isso significa. O estilo de Paulo não era o de evitar as coisas. Quando ele focalizava a sua mente no que é verdadeiro, puro e de boa fama, se defrontava com as suas falhas. Ele buscava o resgate de outros e se preocupava até as lágrimas, e era realista em relação ao mal do homem.

Paulo enfrentou desapontamentos e conflitos que o fizeram chorar (Filipenses 3:18).

Ele defendeu uma paz com Deus que pode ser experimentada em meio aos nossos problemas — em vez de nos afastarmos deles.

Segunda circunstância — abaixo da superfície, motivos invisíveis moldam as nossas respostas. Todos nós vivemos com obstáculos que estão sob a superfície. Tudo o que fazemos tem um motivo invisível que, em muitos casos, não gostaríamos de lembrar. Temos um interesse centralizado em nós mesmos que pode nos roubar a paz mental e permitir que pareçamos perigosos para os que estão ao nosso redor. Paulo nos exortou a deixarmos que Deus vença estas nossas inclinações naturais com o espírito do Seu amor. Sem uma preocupação pelos outros, vinda do coração, não pode haver uma paz duradoura.

Porém, o que eu não percebi por muito tempo, é que não me faz bem dizer algo como: "Para a sua própria paz mental, comece a amar e a cuidar dos outros." A ênfase moral não é a solução. Deus não nos pede para termos motivos certos porque esta é a coisa certa a fazer. Ele nos pede para amarmos os outros baseados em questões fundamentais, não aparentes.

Terceira circunstância — As nossas crenças fundamentais moldam os nossos motivos. Atrás de cada ação há pelo menos um motivo invisível, e cada motivo apresenta a questão — crer ou não crer.

A nossa tendência é a de crer no que vemos ou no que desejamos. Somos mais propensos a avaliar o nosso bem-estar com base em nossos recursos naturais. Somos rápidos em contar o nosso dinheiro, o número de nossos amigos, ver como está a nossa pressão arterial e o colesterol para sabermos como está a nossa saúde.

Paulo deixou claro que uma preocupação honesta pelos outros deve emergir de nossa própria crença de que nosso Deus está olhando atentamente cada uma das nossas necessidades.

Entretanto, da sua cela na prisão, Paulo nos deu um exemplo diferente. Ele nos admoestou a crer que o Senhor está perto (4:5), que o próprio Deus pode nos dar uma paz que não compreendemos (4:7) e que Deus, como Provedor, pode ser a nossa fonte de bem-estar em todas as circunstâncias da vida (4:13,19). Mesmo quando repetia os seus apelos de termos motivos bons e de boa fama (2:3-4), Paulo deixou claro que uma preocupação honesta pelos outros deve emergir de nossa própria crença de que nosso Deus está olhando atentamente cada uma das nossas necessidades.

Esta confiança em Deus foi o segredo da paz mental de Paulo (4:11-13) em seu Provedor e permitiu que ele cresse que podia todas as coisas por meio da fortaleza de Cristo e que Deus iria suprir todas as suas necessidades (4:13,19).

Pai celestial, buscamos o contentamento de tantas formas e em tantos lugares errados. Avaliamos o nosso bem-estar baseados em nossa força e não nas fraquezas que nos trouxeram de volta para ti. Ajuda-nos a confiar, Senhor. Permita-nos experimentar a paz mesmo quando nada sentimos.

O CÓDIGO DA VINCI

O *Código da Vinci* (Editora Sextante, 2004) permaneceu na lista dos mais vendidos do jornal *New York Times* por muito tempo, desde o seu lançamento, em abril de 2003. Em menos de dois anos, tornou-se o livro mais vendido em 150 países e um dos mais lidos em nossos tempos.

O autor, Dan Brown, fez o que muitos autores apenas sonham fazer. Escreveu o livro do momento, sobre o qual todos falam. Pessoas em todo o mundo discutem o mistério de um assassinato que intriga os leitores com teorias provocativas sobre a história, religião e artes.

Não obstante, essa ficção é mais do que um cativante mistério. *O Código da Vinci* é uma teoria de conspiração que faz muitos leitores questionarem se suas crenças, a respeito de Cristo e da Bíblia, estão corretas.

Um escritor diz: "É um destes livros raros que aparecem e fazem você duvidar sobre tudo o que sabia a respeito de religião, arte e sobre o que aprende na escola. Este livro teve uma divulgação rápida, cativante e é impossível deixá-lo de lado."

O Código da Vinci começa com uma enorme lista de reconhecimentos e em seguida uma de acontecimentos com o objetivo de deixar a impressão que a ficção baseia-se em detalhadas pesquisas e fatos pouco conhecidos.

Um dos personagens principais é Robert Langdon, um professor fictício que ensina simbologia religiosa em Harvard. Depois de anos de pesquisa, o professor sustenta que a igreja ocultou durante 1.700 anos a verdade sobre Jesus. Mais tarde, seus argumentos encontram eco num nobre historiador britânico, ao qual se referem como Sir Leigh Teabing, o qual afirma que quase tudo que nossos pais nos ensinaram é falso.

> O que muitos leitores esquecem é que *O Código da Vinci* é uma ficção.

O título do livro resulta de reivindicações de Leonardo da Vinci — e de outros personagens notáveis como Isaac Newton e Victor Hugo —, membros de uma sociedade secreta, à qual foi confiada a verdade sobre Jesus. O segredo desse grupo (O Priorado de Sião) é que Jesus tinha uma filha com Maria Madalena. Maria, segundo o Priorado, foi o Santo Graal de quem se originou a linhagem real de Jesus na terra. Isto, conforme o professor é um fato que a igreja nega e omite. O que muitos leitores esquecem é que *O Código da Vinci* é uma ficção. E ainda pior, a história não se baseia em pesquisas cuidadosas, mas num documento fraudado, apresentado como sendo verdadeiro. A ideia de que Leonardo foi um membro do Priorado de Sião fundamenta-se num documento apresentado por uma corte francesa, como sendo uma falsificação e um trote

(*A Verdade por Detrás do Código da Vinci*, de Richard Abanes, Editora Celebris, 2005).

O "ponto de vista alternativo da história" de *O Código da Vinci*, também afirma de forma falsa que Jesus não era considerado Deus até o século quarto, quando o imperador romano Constantino decidiu que era de seu próprio interesse político unir o império, dando a Jesus "um manto impenetrável de divindade" (*O Código da Vinci*, pp.221–222).

Para dar credibilidade à reivindicação, o historiador fictício Teabing diz: "O momento mais profundo na história do cristianismo ocorreu quando Constantino ordenou e financiou a impressão de uma nova Bíblia, a qual omitia aqueles evangelhos que falavam dos traços humanos de Cristo e embelezava os evangelhos que o consideravam semelhantes a Deus. Os evangelhos anteriores foram declarados ilegais, reunidos e queimados" (*O Código da Vinci*, pp.222–223).

O Código da Vinci reivindica que alguns dos documentos que Constantino tentou destruir sobreviveram e esses pergaminhos foram encontrados em 1945, em Nag Hammadi, Egito. Estes pergaminhos supostamente "destacam discrepâncias e fabricações históricas evidentes, confirmando claramente que a Bíblia moderna foi compilada e editada por homens que tinham interesses políticos — para promover a divindade do homem Jesus Cristo e usar Sua influência para solidificar a sua própria base de poder".

Os textos antigos encontrados em Nag Hammadi, todavia, não eram livros perdidos da Bíblia como diz Teabing. Foram escritos de uma religião misteriosa conhecida como Gnosticismo. Os gnósticos viam o espírito como algo bom e a matéria como algo mau. Negavam o corpo humano e a crucificação de Jesus e enfatizavam um conhecimento secreto que somente aqueles que entravam nessa religião recebiam.

A igreja primitiva rejeitou seus ensinamentos muito antes de Constantino. Mas mesmo que *O Código da Vinci* não esteja sob um escrutínio é possível que a Bíblia tenha sido alterada através de milhares de anos, com suas inúmeras cópias e versões? Essa é o tipo da pergunta que pode ser mais bem respondida por aqueles que aplicaram os princípios da ciência nas evidências dos manuscritos. Os eruditos gastam partes das suas vidas, examinando todos os manuscritos e fragmentos disponíveis. Anotam e delineiam qualquer variação de escrita ou formulação que aparecem em famílias de manuscritos, copiados de fontes comuns. Além disso, analisam os escritos dos pais da igreja do segundo e terceiro século, que deixaram extensivas citações das Escrituras, as quais eles leram e estudaram.

Fundamentados nestas pesquisas, os eruditos nos asseguram que nossa Bíblia é uma representação de alta confiabilidade dos manuscritos originais. No livro *The New Testament Documents: Are they Reliable?* (Os Documentos do Novo Testamento: São de Confiança?) o autor F. F. Bruce escreve: "Para resumir, vamos citar o veredito do Sir Frederic Kenyon: uns estudiosos cuja autoridade em fazer palestras sobre documentação de antiguidades era quase nula: 'O intervalo entre a data da composição original e a evidência existente mais antiga é tão pequena que se torna insignificante. Então remove-se a última base de qualquer dúvida de que as Escrituras chegaram substancialmente até nós como foram escritas. Ambas, a autenticidade e a integridade geral dos livros do Novo Testamento podem ser consideradas como estabelecidas definitivamente'" (*A Bíblia e a Arqueologia*, New York and London: Harper, 1940).

Sustentada por tal evidência, a Bíblia continua a ser o livro mais vendido de todos os tempos e o livro mais lido em todo o mundo.

...a Bíblia continua a ser o livro mais vendido de todos os tempos e o livro mais lido em todo o mundo.

Os que nos desafiam vão e vêm. O que permanece são as palavras daqueles que estiveram dispostos a morrer pela afirmação do que testemunharam pessoalmente: a vida milagrosa, a morte e a ressurreição do Filho de Deus. Uma destas testemunhas escreveu: "Porque não vos demos a conhecer o poder e a vinda de nosso Senhor Jesus Cristo seguindo fábulas engenhosamente inventadas, mas nós mesmos fomos testemunhas oculares da sua majestade" (2 Pedro 1:16).

Pai celestial, agradecemos porque a Bíblia é a Tua Palavra, inspirada por Tua sabedoria e através dos tempos tem se provado verdadeira não apenas em nossas vidas, mas na daqueles que te buscam em todo o tempo e em todo lugar.

O DIA EM QUE DEUS MORREU

A maior felicidade e plenitude na vida não é viver por nós mesmos, mas trazer um sorriso e gratidão à vida de outra pessoa. Se essa ajuda for de valor eterno, será algo do qual nunca nos arrependeremos. Portanto, o nosso propósito continua a ser contribuir para que haja recursos bíblicos acessíveis e disponíveis aos indivíduos, pastores, conselheiros e empresários, e que estes os ajudem a conduzir suas próprias famílias, amigos, vizinhos e clientes à fé pessoal em Cristo. Dessa maneira, tais pessoas crescerão à semelhança de Cristo e se envolverão ativamente numa igreja cristã em suas comunidades. Ninguém se desaponta quando Cristo lhe é apresentado ou quando conhece alguém que reflete o Seu coração.

No dia 8 de abril de 1966, a capa da revista *Time* perguntava em negrito: "Deus Está Morto?". A matéria descrevia o trabalho de vários teólogos que já não mantinham os conceitos tradicionais de Deus. Todos tinham concluído que o Deus dos nossos pais não havia sobrevivido à aurora da evolução e do controle da natalidade.

O debate que se seguiu não se tratava apenas de Deus, mas de nós. Estávamos em meio a uma década turbulenta. Nosso mundo estava mudando. Uma guerra malvista no Vietnã gerara adesivos para automóveis que diziam "Questione a Autoridade". A ciência e a tecnologia estavam trazendo melhorias às nossas vidas e tornando-nos menos conscientes de nossa necessidade por um Deus sobrenatural.

> A ciência e a tecnologia estavam trazendo melhorias às nossas vidas e tornando-nos menos conscientes de nossa necessidade por um Deus sobrenatural.

Outras razões pelas quais alguns creem que Deus esteja morto

Os desafios à visão tradicional de Deus se multiplicaram nas décadas seguintes. Nem todos eram seculares. Fraudes ao consumidor em programas televisivos religiosos sujeitaram o Deus da Bíblia ao ridículo público. Promessas de bênçãos por dinheiro associaram o nome de Cristo a engodos como *enriqueça rapidamente* ou *emagreça rapidamente*. Mais recentemente, evidências de abusos por membros do clero vieram à tona na mídia pública. Com esses relatos, vieram histórias de vítimas que, por terem sido abusadas, não mais consideravam o Deus da igreja uma opção viva.

Contudo, as pessoas iluminadas pela ciência ou desiludidas por líderes religiosos não são as únicas a falar sobre a morte de Deus.

A Bíblia também fala sobre a morte de Deus

O Deus da Bíblia foi tão tocado pelo mal que as pessoas fazem umas às outras que escolheu *morrer* devido a isso. Em certo momento no tempo, o Deus eterno fechou Seus olhos e parou de respirar. Sob o peso dos pecados do mundo, Seu corpo pendeu sem vida. Naquele momento, Deus estava morto — não somente na percepção dos outros, mas num tempo e local verdadeiro.

Ao fazer essa afirmação, a Bíblia vai muito além da capa e das páginas da revista *Time*. Em vez de perguntar "Deus Está Morto?", a teologia da Bíblia nos deixa um mistério além da compreensão humana (1 Timóteo 3:16). A segunda pessoa de um Deus trino tornou-se um homem real para enfrentar uma morte verdadeira por nossa causa (João 1:1-3,14; Filipenses 2:5-11).

> Em certo momento no tempo, o Deus eterno fechou Seus olhos e parou de respirar. Sob o peso dos pecados do mundo, Seu corpo pendeu sem vida.

Como revela este drama incomparável, a morte física não foi o maior sacrifício do nosso Deus. Antes ainda de dar Seu último suspiro numa cruz romana, Ele sofreu a escuridão infernal da distância espiritual entre Ele e Seu Pai celestial. Quando os céus escureceram em pleno dia, Seu grito angustiado ecoou através do céu e da história: "...Deus meu, Deus meu, por que me desamparaste?" (Mateus 27:46).

De acordo com a Bíblia, o nosso Criador sofreu uma morte extremamente agonizante para nos salvar.

O que a morte de Deus diz sobre nós

Nós, que estamos dispostos a nos ver como vítimas, em vez de transgressores, poderíamos concluir que, provavelmente, a morte de Cristo fala mais sobre o mal dos outros do que de nós mesmos. Podemos sempre indicar outra pessoa que pensamos ter nos dado uma justificativa para reagirmos de maneira hostil.

Contudo, vemos um panorama diferente quando olhamos mais de perto o sofrimento de Cristo. Se a Bíblia estiver certa, Ele não morreu simplesmente pelos pecados de alguém. Ele morreu por nós (João 3:16; Romanos 5:8). A dor que Ele sofreu fala abundantemente sobre a extrema natureza da nossa *própria* necessidade (Romanos 3:10-20).

Aquele que deseja ser incluído na morte de Cristo precisa admitir que, aos olhos de Deus, nossos *próprios* erros estão no mesmo nível que os daqueles que violam leis federais com delitos capitais. A extensão do Seu sacrifício diz que, sem a Sua intervenção, nós ainda seríamos delinquentes condenados, sem esperança e aguardando no *corredor da morte* por aquilo que a Bíblia chama "a segunda morte" (Romanos 6:23; Apocalipse 20:14).

Como a morte de Deus pode ajudar-nos a encontrar uma nova vida

As Escrituras não oferecem esperança para os que se recusam a crer que Cristo sofreu por eles. No entanto, a Bíblia oferece uma vida totalmente nova para aqueles que creem que Cristo viveu e morreu em seu lugar. Como as pessoas que entram num programa de proteção a testemunhas, aqueles que encontram refúgio em Cristo adquirem uma nova identidade. Seu passado de tribulações é escondido nele (Colossenses 3:3). Elas apropriam-se do Seu nome, recebem Seu Espírito e se tornam templos do Deus vivo (1 Coríntios 3:16; 6:19).

> A extensão do Seu sacrifício diz que, sem a Sua intervenção, nós ainda seríamos delinquentes condenados, sem esperança e aguardando no corredor da morte por aquilo que a Bíblia chama "a segunda morte" (Romanos 6:23; Apocalipse 20:14).

Aqueles que permitem que o Espírito de Cristo seja visto em suas vidas são um antídoto à opinião de que "Deus Está Morto". Sua felicidade e suas lágrimas se tornam uma calma demonstração de amor, alegria e paz de um Deus que está vivo e tocando outros por intermédio do Seu povo. Ninguém faz isso com perfeição. Mas, poucas coisas são mais necessárias do que pessoas imperfeitas, aflitas e gratas, cada vez mais dispostas a deixar Cristo viver Sua vida por meio delas (Romanos 8:11).

Como podemos alcançar essa rendição? Podemos começar observando nosso Senhor Jesus mover-se pelo Jardim do Getsêmani até a página central da história humana. No caminho, Ele suspira: "...Contudo, não se faça a minha vontade, e sim a Tua". E em seguida, em meio a uma agitada multidão, numa colina fora das muralhas de Jerusalém, Ele carregou voluntariamente sobre si o eterno peso do nosso pecado e morte — por nós.

Pai celestial, não desejamos parar de agradecer-te pelo preço que Tu pagaste por nós. Contudo, nos distraímos com facilidade. Por favor, ajuda-nos hoje a renovar a nossa gratidão pela morte do Teu Filho. E usa a rendição deste momento para permitir que a vida de Cristo, e a Tua, sejam hoje vistas em nós.

O ESTADO CONTRA JÓ

Muitas vezes o interesse público, em casos judiciais que envolvem pessoas de alto escalão, diminui quando os resultados se tornam conhecidos. Entretanto, no caso de Jó permanece um ensinamento que nos é válido nos dias atuais. Nos acontecimentos que envolvem a vida deste servo, vemos a atenção do céu e do inferno também direcionados às nossas lutas. No mesmo registro, nos sentimos também propensos a sermos juízes e júri na vida uns dos outros.

> Nos acontecimentos que envolvem a vida deste servo, vemos a atenção do céu e do inferno também direcionados às nossas lutas.

Resumo da provação

Alguém que defende a raça humana apresenta um pedido contra Deus. Conforme o promotor do inferno, o Senhor do céu fez uso de suborno para suscitar um caso contra as pessoas que fugiam dele neste mundo. Os argumentos iniciais de Satanás alegam que Deus comprou a lealdade de um homem que permaneceu fiel ao seu Criador.

O acusador sabe que Jó não é um tolo. Jó permanece fiel porque Deus construiu muros de proteção ao redor de sua família, sua saúde e seus negócios, dos quais podia se vangloriar.

Como resposta à acusação, Deus permite que o acusador deprive os motivos de Jó com uma série de perdas. Em questão de dias, Jó perde aquilo que outros tentam conseguir e proteger durante toda a vida. Mas Jó, além do sofrimento, se enfurece com o testemunho dos três amigos que se aliam ao promotor, atacando seu caráter. Cada um deles insiste que Jó está negando os fatos que poderiam explicar o seu sofrimento. Em uma série de argumentos que se intensificam em eloquência e ira, Jó e os amigos insultam e se afastam uns dos outros até que o Senhor dos céus quebre o silêncio. De forma surpreendente, Deus encerra o julgamento com evidências físicas convincentes.

> Jó perde aquilo que outros tentam conseguir e proteger durante toda a vida.

Vamos olhar mais de perto e descobrir na história de Jó o motivo desta ter se tornado um estudo interminável para os que procuram encontrar um sentido em seus próprios problemas; e ver o Deus nos céus que os permite.

Quem é Jó?

Entre os detalhes da história, descobrimos que o acusado é provavelmente um contemporâneo de Abraão, o homem mais rico do oriente (Jó 1:3) e amigo dos pobres. Os procedimentos legais não lhe eram estranhos, e assim Jó defende a causa das viúvas e órfãos até o dia em que ele mesmo se encontra em seu próprio julgamento (cap. 29–31).

O que os amigos de Jó pensam?

Três deles pensam que sabem o motivo de Jó estar sofrendo. Estão convencidos de que a pessoa colhe o que semeia na vida, e apoiam-se mutuamente ao argumentar que há uma correlação direta entre as perdas de Jó e alguma falha secreta, moral, que ele se recusava a admitir (Jó 4:7-8).

Eles insistem repetidamente na mesma lógica: Deus não se engana. Quando sofremos, enfrentamos as consequências das más sementes que plantamos.

Na verdade, os amigos estão teologicamente corretos em muitas coisas que dizem. Eles sabem que Deus não castiga o bem e que não retribui com o mal. Mas quando tentam defender Deus no momento em que Jó se queixa de injustiça, eles inconscientemente se tornam testemunhas da promotoria.

Faltava-lhes a perspectiva celeste e por isso eles argumentavam que Jó sofria na mesma proporção do pecado que estava escondendo.

Faltava-lhes a perspectiva celeste...

Será que Deus o esqueceu?

A resposta de Jó a essa questão é surpreendente. Em vez de dizer: "Meu Deus, meu Deus, por que me abandonaste?", na realidade ele diz: "Meu Deus, meu Deus, por que não me deixas em paz?" Em vez de pensar que o céu está ignorando a sua agonia, ele suspira: "Que é o homem, para que tanto o estimes, e ponhas nele o teu cuidado, e cada manhã o visites, e cada momento o ponhas à prova? Até quando não apartarás de mim a tua vista? Até quando não me darás tempo de engolir a minha saliva? Se pequei, que mal te fiz a ti, ó Espreitador dos homens? Por que fizeste de mim um alvo para ti, para que a mim mesmo me seja pesado?" (Jó 7:17-20).

> Meu Deus, meu Deus, por que não me deixas em paz?"

Jó não podia compreender que o tribunal declarara como evidência inadmissível uma conversa anterior entre Deus e Satanás, a qual explicaria o seu sofrimento.

Um final surpreendente
Quando Deus finalmente fala, Ele não diz a Jó o motivo de tê-lo deixado sofrer, nem tampouco culpa Satanás pelos sofrimentos. O Senhor dos céus tampouco agradece aos três amigos por tentarem defender a honra do Altíssimo. Mas, num ato surpreendente, Ele chama Jó para o banco de testemunhas e lhe pergunta: "Onde estavas tu, quando eu lançava os fundamentos da terra? Dize-mo, se tens entendimento" (38:4). Então Deus fala do tempo, dos ventos e nuvens que juntam a água e depois a derramam na terra. Com argumentos finais, o grande Juiz do universo, o "...Senhor, do meio de um redemoinho,

respondeu a Jó", apresentando uma série de manifestações físicas convincentes.

A implicação está clara: Se sou suficientemente poderoso e sábio para criar todas as estrelas (ou Órion) nos céus da noite, um boi selvagem e uma avestruz, você pode confiar em mim em meio aos problemas que eu permiti na sua vida? (Jó 38–39).

Jó silencia

As acusações contra Jó são desfeitas. O testemunho da criação divina, da imensurável sabedoria e poder de Deus é suficiente para fazer Jó dobrar seus joelhos e compreender os desígnios de Deus.

E agora que fomos provados, uma águia levanta voo. Uma árvore cria raízes profundas num solo rico, enquanto ergue seus galhos ao sol. Um lobo uiva. Ovelhas vagueiam em redor, em busca de pastos verdes. Uma lua cheia ilumina a noite. E "O Estado contra Jó" espera ser lembrado.

> *Pai celestial, vemo-nos no julgamento de Jó. Como os três amigos que se uniram ao acusador, olhamos àqueles que fazem coisas piores do que nós e achamos que os seus sofrimentos ocorrem na proporção dos seus pecados. E algumas vezes, mesmo nos pequenos problemas, somos como o próprio Jó. Ficamos confusos e irados. Esgotamo-nos a nós mesmos, exigindo que mostres a ti mesmo até que, como Jó, o adoramos silenciosamente diante do testemunho do que já fizeste por nós, em nós e ao nosso redor.*

O FATOR HISTÓRIA

Algumas pessoas passam toda a sua vida tentando compreender a Bíblia. Outras a reduzem a alguns princípios básicos.

No filme *Johny & June*, que retrata o cantor de música country, Johnny Cash, uma conversa entre dois irmãos sugere outro enfoque. No momento de reflexão, justamente antes de um acidente trágico mudar suas vidas, os meninos estão deitados em suas camas. Jack está lendo a Bíblia quando Johnny pergunta: "Como você pode ler e lembrar-se de todas as histórias desse livro?" Jack responde: "Um dia, quero ser um pastor, por isso preciso conhecer a Bíblia do começo ao fim. Você não poderá ajudar alguém se não souber contar-lhe a história certa."

O desejo de Jack em saber uma história para cada ocasião pode parecer algo ingênuo ou pode ser um motivo para debater um assunto atual. Um número crescente de eruditos e líderes de igrejas crê que o drama que se desenrola na Bíblia está no centro do poder que transforma as vidas. Todavia, outros estão convencidos de que centrar-se em histórias em vez de ensinar a doutrina cristã, tornou-se uma tendência que destrói a autoridade da Bíblia.

Como em tantas controvérsias, há uma verdade em ambos os lados da questão. A Bíblia é mais do que romance, mistério e aventura. Entre as suas páginas, também encontramos as leis de Moisés, os cânticos de Davi e as cartas do apóstolo Paulo. Mas, mesmo as leis, os cânticos e as cartas da Bíblia têm uma história por trás.

O fator histórico da Bíblia suscita questões importantes

À medida que o enredo bíblico se desenrola, até mesmo os fundamentos básicos, como os Dez Mandamentos, não nos foram dados diretamente. As leis escritas em pedras fazem parte do drama que apresenta o relacionamento de Deus com Seu povo escolhido. De forma semelhante, as parábolas de Jesus e as cartas do apóstolo Paulo também fazem parte do que Deus estava fazendo com um grupo de pessoas do primeiro século.

Perguntamos:

Como as parábolas e as cartas podem ser a Palavra de Deus para nós?

Como Deus fala por intermédio de uma história?

Como qualquer parte da Bíblia pode ser algo para nós, se todas falam do relacionamento de Deus com tribos, discípulos ou igrejas da antiguidade?

Como podemos dizer que isto é a Palavra de Deus para nós, quando a abrimos apenas por curiosidade?

Alguns responderiam a essas perguntas dizendo que o valor das narrações está na habilidade de trazer um significado diferente a qualquer um que as ouve. Outros diriam que, embora esteja claro que as histórias da Bíblia foram destinadas a alcançar a nossa imaginação e os nossos corações, elas também foram escritas para ajudar-nos a resistir à tendência de permitir que as Escrituras falem apenas aquilo que queremos. Ao reunir pessoas, acontecimentos e ideias, o enredo e as contracenas da Bíblia formam um contexto, que nos leva a compreender a intenção do autor. Cada história nos diz algo a respeito de Deus e algo sobre nós, e que nos influenciará ou será ignorado.

> Cada história nos diz algo a respeito de Deus e algo sobre nós, e que nos influenciará ou será ignorado.

Considere, por exemplo, a história que Jesus contou aos Seus discípulos sobre o desejo de um homem rico em obter o retorno de seus investimentos. Segundo Jesus, o homem dividiu alguns de seus bens entre três trabalhadores, antes de sair em viagem. Enquanto estava ausente, dois destes homens investiram o dinheiro que lhes fora confiado e eles obteriam o lucro enquanto esperavam pelo proprietário, quando este retornasse. O terceiro, entretanto, escondeu seu dinheiro "debaixo do colchão", a fim de protegê-lo. O proprietário não ficou contente com isso. Rejeitou a desculpa do empregado, dizendo: "...Servo mau e negligente, sabias que ceifo onde não semeei e ajunto onde não espalhei? Cumpria, portanto, que entregasses o meu dinheiro aos banqueiros, e eu, ao voltar, receberia com juros o que é meu" (Mateus 25:26-27).

Nessa parábola, o empregador não disse aos seus trabalhadores como fazer o seu dinheiro render mais na sua ausência.

Porém, está claro que todos conheciam o suficiente para fazerem suas próprias escolhas daquilo que deveriam fazer, enquanto esperavam a volta do empregador.

E nós? Será que o livro mais publicado do mundo nos conta o suficiente sobre Deus e nós mesmos, a fim de nos capacitar a servi-lo enquanto esperamos por Sua volta prometida? Ou estamos ensaiando nossas próprias desculpas?

Será que o livro mais publicado do mundo nos conta o suficiente sobre Deus e nós mesmos, a fim de nos capacitar a servi-lo enquanto esperamos por Sua volta prometida?

Imagine-se dizendo para Cristo, quando Ele voltar: "Senhor, como é bom vê-lo. Estive tão confuso. Fiquei esperando para que o Senhor me dissesse o que queria que eu fizesse. O Senhor estava tão quieto. Tudo o que deixou foi um livro cheio de histórias de outras pessoas. Elas foram pessoas que viveram em uma época e lugares diferentes. Eu tinha os meus próprios problemas, e precisava saber o que o Senhor queria que eu fizesse."

Você pode imaginar o Senhor dizendo: "O que mais você precisava saber? Você sabia quem Eu era, pelas histórias de Meu relacionamento com Adão e Eva, Abraão, Sara, Moisés e Miriã. Você ouviu como respondi às orações e como reagi aos erros de Davi e Salomão; ao envolver-me com suas vidas cheias de profundas falhas e problemas. Você percebeu que Eu podia caminhar contigo por caminhos que você escolheu em vez dos meus?" Suponha que o Senhor continuasse a falar: "Você está certo. A Bíblia é a história do Meu relacionamento com pessoas que viveram muito antes de você. Cada uma dessas histórias contou-lhe algo a Meu respeito e a respeito de tais pessoas. Era isso o que queria que você soubesse. Não lhe dei a Bíblia para responder todas as suas perguntas, senão você não confiaria em Mim, pois Eu estava mais interessado em contar-lhe histórias que o ajudassem a responder as minhas perguntas. Sabendo quem Eu era, e o que Eu faria para resgatar pessoas de todas as nações, você faria tudo o que pudesse para ajudar? Você seria grato pelo que fiz? Você se importaria pelo fato de Eu amá-lo? Confiaria em mim para guiar e capacitar-lhe?

Pai celestial, perdoa-nos por nos escondermos atrás daquilo que não nos foi revelado. Ajuda-nos a ser como o jovem Jack, que queria conhecer o Teu livro de capa a capa — as histórias que nos falam do que precisamos saber com relação a ti e a nós mesmos — por amor daqueles pelos quais Teu Filho morreu.

O QUE DEUS FALOU PARA MIM

E se eu lhe disser que Deus tem falado comigo sobre uma questão que não sai da minha mente? Você já me conhece e por isso não vai pensar que eu ouvi Deus falar de uma forma audível. Você presume que eu tive uma ideia e que creio que esta tem a assinatura de Deus. Por isso, você é quem decidirá se vai me ouvir.

Ouça o que estou dizendo

Você está me ouvindo dizer: "Eu tenho orado sobre o que posso fazer para alcançar mais pessoas com a mensagem de esperança e paz e o Senhor falou ao meu coração que temos sido cautelosos demais. Precisamos crer nos milagres de Deus, dar passos de fé e nos comprometermos com projetos para alcançar outros — temos de admitir que estão além da nossa habilidade de realizá-los. Depois de pedir uma clara orientação do Senhor, Ele me deu uma visão bastante maravilhosa sobre uma ideia que quero compartilhar com você."

Ao ouvir-me, você vai procurar manter sua mente aberta, mas não vai conseguir compartilhar comigo o meu entusiasmo. Você vai achar a ideia presunçosa, e não uma forma de demonstrar fé.

Mas não o diga diretamente para mim, porque como é que você pode afirmar que eu não a ouvi diretamente de Deus?

O que você fará com isso?

O que está acontecendo aqui? Por que sou capaz de crer que Deus faz milagres e você não? Será que eu tenho um ouvido sensível à direção de Deus enquanto você está mais propenso a depender da lógica humana? Ou será que eu estou usando uma linguagem espiritual para cobrir a minha própria ambição? Estas são questões difíceis de serem debatidas. Ninguém quer que os nossos esforços para Cristo sejam motivados por uma agenda humana. Queremos que nossos líderes sejam pessoas de oração, espiritualmente sensíveis e abertos ao que creem no que Deus quer que façamos. A Bíblia deixa claro que Deus usa pessoas para falar em Seu nome. O apóstolo Paulo advertiu: "Não apagueis o Espírito. Não desprezeis as profecias" (1 Tessalonicenses 5:19-20).

> O apóstolo Paulo advertiu: "Não apagueis o Espírito. Não desprezeis as profecias" (1 Tessalonicenses 5:19-20).

Entretanto, estou convencido que o uso impróprio da linguagem que se refere ao que é espiritual e a voz de Deus nos dão razões para pensarmos cuidadosamente sobre como usamos frases como estas:

Deus tem falado comigo...

Tenho orado a este respeito...
O Senhor colocou isto em meu coração...
Deus me ordenou que falasse...
Fui guiado a procurar você...
Deus me revelou...
Deus me lembrou das Escrituras...
Deus trouxe à minha mente...

Quais são os motivos?
Às vezes, falamos assim para que outros ouçam o nosso desejo de estarmos caminhando com Deus ou como uma forma de fazer Deus concordar com nossas ideias — para evitar que os outros discordem de nós. Sentimos até mesmo no subsconsciente que quando as pessoas nos ouvem falar sobre o que Deus colocou em nosso coração, tenderão a perguntar menos.

Podemos procurar credibilidade sem sermos ingênuos?
Depois de dizer: "Não apagueis o Espírito. Não desprezeis as profecias", o apóstolo Paulo diz: "...julgai todas as coisas, retende o que é bom" (v.21). O apóstolo João também disse, na sua primeira carta do Novo Testamento: "...antes, provai os espíritos se procedem de Deus..." (1 João 4:1).

Ambos, Paulo e João, deixam transparecer uma precaução expressa anteriormente pelo profeta Ezequiel. Ele citou Deus, dizendo: "Filho do homem, profetiza contra os profetas de Israel que, profetizando, exprimem, como dizes, o que lhes vem do coração. Ouvi a palavra do Senhor. Assim diz o Senhor Deus: Ai dos profetas loucos, que seguem o seu próprio espírito sem nada ter visto!" (Ezequiel 13:2-3).

O uso impróprio das citações

Se dissermos casualmente: 'Deus me falou' ou 'O Senhor falou ao meu coração', estamos ofuscando as linhas entre aquilo que sabemos que Deus disse em Sua Palavra e o que pensamos que Ele poderia ter dito por meio de nossa consciência. Os limites são uma questão importante. Mesmo sob a inspiração do Espírito Santo, Paulo era cuidadoso em distinguir entre a Palavra de Deus e a sua convicção pessoal (1 Coríntios 7:10,12). O que está em perigo é o nosso discernimento e a honra da Palavra de Deus. Se, numa conversa normal, falarmos como se o que Deus disse por intermédio de nossos pensamentos interiores é igual ao que Ele disse através das Escrituras, estaremos competindo, mesmo sem qualquer intenção, com a autoridade da Bíblia.

Honrando a Palavra de Deus

Surge então a pergunta: 'Como podemos falar em nome de Deus?' Afinal, o apóstolo Pedro escreveu: "Se alguém fala, fale de acordo com os oráculos de Deus…" (1 Pedro 4:11). A nossa resposta precisa basear-se no respeito honesto e reverente entre a diferença dos nossos pensamentos e dos pensamentos de Deus. Se estivermos seguros de que Deus disse algo nas Escrituras, deveremos citá-lo de forma precisa e com convicção. Se crermos que estamos pensando de uma forma que é coerente com os Seus pensamentos, então precisamos dizer: 'penso' ou 'creio que isto é uma forma de ação que vai agradar a Deus' ou 'creio ser esta direção coerente com os ensinamentos das Escrituras'. O fator-chave é a honestidade. O uso das expressões 'Eu penso' ou 'Eu creio' pode parecer insignificante; mas a questão é séria. Trata-se do mesmo assunto que o próprio Deus expressou a Ezequiel, quando disse: "O SENHOR disse;

quando o Senhor os não enviou; e esperam o cumprimento da palavra. Não tivestes visões falsas e não falastes adivinhação mentirosa, quando dissestes: O Senhor diz, sendo que eu tal não falei?" (Ezequiel 13:6-7).

Querido Senhor, ajuda-nos a sermos sensíveis ao Teu Espírito. Queremos falar em Teu nome. Não queremos citar Tua Palavra erradamente. Ajuda-nos a mostrar confiança plena no que revelaste, enquanto estivermos dispostos a ouvir e compreender as questões sobre as nossas opiniões e nosso entendimento.

O QUE É UMA RESPOSTA BRANDA?

Admiro a pessoa que sabe usar o bom humor, a cautela no pensar ou um comentário brando para apagar o estopim da tensão de um momento de raiva. Talvez por isso eu fique tão intrigado com o provérbio que diz: "A resposta branda desvia o furor, mas a palavra dura suscita a ira" (Provérbios 15:1). Estou convencido de que este é mais um lembrete para não gritarmos uns com os outros.

O contexto deste provérbio

Em Provérbios 14:35 vemos que a ira nem sempre é algo errado. Salomão trouxe o equilíbrio necessário quando disse: "O servo prudente goza favor do rei, mas o que procede indignamente é objeto do seu furor." Demonstramos a ira ao nos aborrecermos quando alguém ou algo que valorizamos muito está em perigo. Isto é semelhante à ira do rei (14:35) que reage emocionalmente quando um dos seus servos não considera as necessidades dos outros.

Entretanto, a sabedoria mantém tal emoção em rédea curta. A regra de Salomão sobre a "resposta branda" nos ajuda a evitarmos o perigo da ira desnecessária.

O perigo por detrás da ira

A ira é semelhante a um cão de guarda. Ela nos protege, protege a nossa propriedade ou alguém a quem estimamos muito. Mas sem treinamento, ele até poderia morder um amigo tão rapidamente quanto atacar um ladrão.

A motivação deste provérbio

Assim, qual é a restrição que a sabedoria nos dá? Será que Provérbios 15:1 está apenas nos incentivando a baixar as nossas vozes, para evitar que o cachorro adormecido desperte? Não, a sabedoria descrita aqui não trata apenas do volume. O que torna uma resposta branda e amável é a nossa motivação, não o volume. Uma resposta branda é motivada pelo amor.

Levantar a voz em amor é menos ameaçador do que um pensamento sussurrado com desprezo. Falar em voz alta: "Sim, estou aborrecido. Desculpe-me. Mas me preocupo com você!" acalma muito mais do que uma resposta branda do tipo: "Você nada mais é do que uma fotocópia do seu pai ou mãe."

> Levantar a voz em amor é menos ameaçador do que um pensamento sussurrado com desprezo.

"O que eu faço com o meu tempo não é da sua conta" é uma resposta ríspida, mesmo quando é dita de forma amena, entre lábios sorridentes. Por outro lado: "O que posso dizer? O que eu disse foi imprudente e mesquinho. Você não deveria ter ouvido isso de mim!" é ser "brando" mesmo quando expresso com um forte remorso.

Provérbios 15:1 não se refere às respostas dadas em voz alta. É um alerta sobre respostas duras que, mesmo quando sussurradas, despertam a ira, pois são pronunciadas como uma ameaça. Palavras "brandas", todavia, tendem a apagar a ira, sem se importar com o volume, porque são uma oferta de segurança.

Os limites deste provérbio

É importante acrescentar que o efeito calmante que advém de uma resposta branda é uma regra geral que tem suas exceções. Uma "resposta branda" nem sempre aquieta a ira. Jesus foi crucificado por falar a última palavra branda. Como o Rei dos reis, Ele tinha todo o direito e razão de irar-se. As ruas do Seu reinado estavam cheias de servos que haviam agido de forma vergonhosa. Contudo, este Rei deixou todos perplexos, surpreendendo as pessoas com a Sua bondade. Ele confortou pessoas cujas vidas eram uma confusão e deixou descontrolados aqueles que estavam descansando na sua própria justiça. Ele enfureceu os líderes religiosos e morais do Seu povo, conquistando a reputação de "amigo dos pecadores".

Enquanto pecadores conhecidos o amavam, os moralistas furiosos estavam convencidos de que ninguém estaria seguro até que Ele estivesse morto. O Seu exemplo nos lembra que não deveríamos esperar ou evitar a ira. Mas o nosso objetivo deveria ser o de manter sob controle o tipo de ira que prejudica os outros, numa tentativa de defender os nossos próprios interesses egoístas. Uma estratégia ainda melhor é a de encontrar tamanha segurança em Deus que não valeria a pena ser rápido em irar-se por razões voltadas a nós mesmos.

As conexões deste provérbio

O temor do Senhor descrito em Provérbios 14:26, e a afirmação de que a resposta branda desvia o furor (Provérbios 15:1) destacam a segurança que nos ajudará a evitar o furor em nossas vidas. Lemos nesta passagem: "No temor do Senhor, tem o homem forte amparo, e isso é refúgio para os seus filhos" (14:26). O livro de Provérbios 15:3 nos lembra que "Os olhos do Senhor estão em todo lugar, contemplando os maus e os bons."

Quando consideramos Provérbios 15:1 à luz da sabedoria divina, percebemos que a resposta branda não tem fim apenas em si mesma, não se trata somente de um simples princípio moral. Mas a resposta branda traz em si a fonte do amor, da segurança e da força espiritual que todos nós necessitamos. Depois de nos ajudar a pensar no que significa dar uma resposta calma, ao invés de ríspida, este provérbio nos faz buscar a Deus. As nossas "respostas brandas" provêm da segurança ofertada por Deus, do exemplo de perdão de Seu Filho e da presença efetiva do Seu Espírito em nós.

Dez razões para seguir a Cristo

1. **Ele é digno de credibilidade.** Os seguidores de Jesus viram a Sua vida sem pecado, ouviram os Seus ensinamentos incomparáveis e concluíram: "...e nós temos crido e conhecido que tu és o Santo de Deus" (João 6:69).

2. **Ele é a essência de um livro histórico e fidedigno.** O registro histórico da Bíblia é comprovado pela arqueologia. A veracidade dos textos bíblicos foi confirmada pelos rolos de pergaminho encontrados na região do Mar Morto.

3. **Ele nos fala sobre o nosso Criador.** Cristo revela um Deus que zela por Sua criação o qual é revelado nos detalhes do mundo natural (Salmo 19:1-6; Romanos 1:16-25).

> Cristo revela um Deus que zela por Sua criação o qual é revelado nos detalhes do mundo natural.

4. **Ele tem vínculos com o passado.** Os que confiam em Cristo aceitam o mesmo Senhor que era adorado por Adão, Abraão, Sara e Salomão. Ele é o Messias, que foi anunciado pelos profetas do Antigo Testamento (Atos 2:22-39).

5. **Ele ressuscitou dos mortos.** Os primeiros cristãos arriscaram as suas vidas para anunciar ao mundo que haviam visto Jesus morrer e três dias depois caminhar miraculosamente entre eles (Atos 5:17-42).

6. **Ele tem poder para transformar vidas.** Paulo, um dos maiores inimigos dos primeiros discípulos, foi transformado de um assassino de cristãos em um dos seus principais defensores e porta-vozes (Gálatas 1:11-24).

7. **Ele conhece os nossos corações.** Muitos querem crer que os nossos problemas têm suas raízes na ignorância, pobreza e maus governos. Mas Jesus chamou a atenção para o pecado no coração (Mateus 15:19-20).

8. **Ele sabe qual a direção da história.** Apesar das grandes esperanças e dos esforços da humanidade, o mundo se aproxima de um tempo final terrível, anunciado pela Bíblia (Mateus 24:5-31; 2 Timóteo 3:1-5).

9. **Ele transforma o mundo.** Os calendários são testemunhas silenciosas do nascimento de Cristo. Os valores básicos cristãos são o fundamento da moralidade social, da ética de trabalho e dos esforços de ajuda social.

10. **Ele tem a resposta para as nossas mais profundas necessidades.** Podemos encontrar perdão e fazer parte da família de Deus, confiando em Jesus Cristo (Romanos10:9-13). Jesus pede que o sigamos — não para merecer a salvação — mas como expressão de gratidão, amor e confiança naquele que nos salvou (Efésios 2:8-10).

Pai celestial, ajuda-nos a priorizar as respostas brandas em nosso falar. Afasta a ira dos nossos corações para que os que estão ao nosso redor possam reconhecer a Tua presença em nosso andar diário.

OS VALORES DE CRISTO

Mel Fisher é conhecido como o maior caçador de tesouros do mundo. O seu lema 'Hoje é o dia' tornou-se realidade em 20 de julho de1985, quando a sua equipe encontrou o que mais desejava nas águas tropicais dos recifes da Flórida, EUA. Após vários anos recuperando destroços de navios de menor fama, a equipe de Fisher encontrou pilhas de barras de prata, baús de moedas de prata, ouro e joias no fundo do mar. Recuperaram também milhares de outros artefatos do navio espanhol *Nossa Senhora da Atocha*, considerado o navio mais rico de tesouros que estava perdido no Hemisfério Ocidental.

Pessoas como Fisher suscitam curiosidade e nos inspiram porque no fundo somos todos caçadores de fortunas. Todos investimos tempo suficiente em nossas esperanças e sonhos para compreendermos o princípio que "...onde está o teu tesouro, aí estará também o teu coração" (Mateus 6:21).

Não exija tanto de si mesmo

Todos nós somos caçadores de felicidade, valor e amor. Fazemos o nosso melhor para encontrarmos uma casa confortável, transporte seguro e alimentação nutritiva. Ao longo do caminho, valorizamos o trabalho relevante, finais de semana para descanso, e a amizade. Fazemos sacrifícios ao buscarmos boa saúde, segurança física e financeira.

Essas buscas nos tornam caçadores de fortuna. Todas as pessoas são importantes e estavam na mente de Jesus, o mais sábio dos mestres disse aos Seus discípulos: "Porque os gentios de todo o mundo é que procuram estas coisas; mas vosso Pai sabe que necessitais delas. Buscai, antes de tudo, o seu reino, e estas coisas vos serão acrescentadas. Não temais, ó pequenino rebanho; porque vosso Pai se agradou em dar-vos o seu reino." (Lucas 12:30-32). De acordo com Jesus, este reino era como "...tesouro oculto no campo..." (Mateus 13:44).

> Todas as pessoas são importantes e estavam na mente de Jesus, o mais sábio dos mestres...

Quais os valores de Cristo?

Quando Jesus falou do reino de Deus como sendo um tesouro supremo, Ele usou um termo que os Seus conterrâneos judeus poderiam compreender. Jesus sabia que eles aguardavam a vinda do Messias e um retorno ao Jardim do Éden marcado pela boa vontade e pela paz mundial.

Os Seus conterrâneos não compreendiam o valor que esses valores ocultos exerceriam sobre a paz mundial.

Mel Fisher procurava tesouros perdidos. Jesus procurava pessoas perdidas. Fisher construiu um museu de artefatos recuperados. Jesus constrói um Reino e uma comunidade de pessoas resgatadas. Ainda hoje Jesus estima pessoas que outros desprezaram. Ele ama os Seus inimigos e honra aqueles que reconhecem as necessidades uns dos outros. Ele ainda ama aqueles que se importam com os outros. Jesus honra o Seu Pai no céu, o qual nos ama mais do que nós amamos uns aos outros ou a nós mesmos.

De que maneira os nossos valores se assemelham aos valores de Cristo?

A importância que Jesus dá às necessidades humanas revela que os nossos interesses estão mais próximos do coração de Deus do que nós pensamos. Antes de se tornar o nosso Mestre e Salvador, Jesus foi o nosso Criador (Colossenses 1:16). Ele é aquele que nos deu o desejo por comida, amizade e felicidade. Ele nos instruiu para que procurássemos intimidade nos relacionamentos, a aceitação pessoal e libertação das preocupações. Sendo o detentor de toda a sabedoria, Deus nos criou com capacidade para pensar e nos deu sede pelos conhecimentos, descobertas e valores.

De que maneira os nossos valores diferem dos valores de Cristo?

Embora haja semelhanças, os tesouros pelos quais o nosso Senhor viveu e morreu diferem dos nossos de várias formas.
1. Ele sabia como agradecer pelas dádivas da vida sem adorá-las. Tendemos a transformar os bens em deuses, e em seguida em demônios destruidores.
2. Ele ensinou-nos a usar os recursos materiais deste mundo para amar as pessoas, pois a nossa tendência é amarmos as coisas e usarmos as pessoas.

3. Jesus nos ensinou a vermos as dores e alegrias desta vida como reflexo da vida futura. Muitas vezes vivemos como se não houvesse céu ou inferno além do momento presente.
4. Na busca por nossos sonhos, muitas vezes agimos muitas vezes como se os tesouros da vida estivessem além do nosso alcance. Jesus nos ensinou a encontrar tesouros em lugares que muitas vezes desprezamos.

> Jesus nos ensinou a encontrar tesouros em lugares que muitas vezes desprezamos.

Cristo era sábio em priorizar o tempo. No Sermão do Monte, o Mestre de Nazaré ordena os nossos valores (Mateus 5:1-10). Com palavras de sabedoria eterna, Jesus nos mostra de que maneira podemos encontrar o que procuramos. Segundo Ele, as pessoas mais bem-sucedidas no mundo não são aquelas ricas e famosas. Os que merecem ser imitados e parabenizados são os que reconhecem a sua intensa necessidade de Deus e da convivência com outras pessoas (v.3). As pessoas mais abençoadas são as que lamentam os seus erros e se entregam a Deus (vv.4-5). Com corações submissos anseiam por relacionamentos que lhes dão a oportunidade de demonstrar aos outros a misericórdia que elas próprias receberam (vv.6-7). Com os corações cheios de amor e não de concupiscência, procuram trazer as pessoas perdidas de volta a Deus. Com seus testemunhos conduzem outros ao incomensurável reino que nos foi preparado por Cristo.

Mel Fisher e sua equipe merecem a nossa admiração, pois encontraram os tesouros afundados do *Atocha*. Reconhecemos o sucesso deles. Mas em nossos momentos de reflexão meditamos sobre aquele que é verdadeiramente o maior caçador de tesouros de todos os tempos. Jesus procurou cumprir a vontade de Deus com amor. Ele procurou pessoas perdidas e as salvou. Ao entregar a Sua própria vida, Jesus pagou por tesouros infinitamente maiores do que baús transbordantes de ouro e prata. Jesus afirmou que são "Bem-aventurados os humildes de espírito, porque deles é o reino do céus" (Mateus 5:2).

Pai do céu, recebemos tanto de ti. O milagre da vida está além da nossa compreensão. A oportunidade de conhecer-te é uma dádiva sem comparação. As pessoas ao nosso redor são tesouros que te pertencem. Perdoa-nos por tantas vezes ter perdido de vista o que é mais importante. Perdoa-nos por desprezarmos a Tua pessoa, a Tua vontade, aqueles que sofrem e estão perdidos, pelas quais o Teu Filho morreu. Que o Teu reino venha hoje e a Tua vontade seja feita em nós, como é feita no céu.

PUNINDO-NOS

Por que nos punimos por erros passados que lamentamos ter feito, após crermos que Deus já nos perdoou? Essa pergunta permanece em minha mente após conversar com alguém que chamarei de TC. Ele disse que estava se recuperando de vários vícios, e algumas vezes afirmou: "Meu problema era perdoar a mim mesmo. Achei muito mais fácil acreditar que Deus tinha me perdoado, do que eu me perdoar por aquilo que tinha feito."

Em alguns aspectos, eu compreendia o que TC estava falando. Muito tempo após crer que Deus já tinha perdoado meus pecados, silenciosamente me torturo por coisas que fiz que me causavam vergonha e feriam os outros. Incomodava-me perceber que TC parecia mais disposto do que eu a admitir que perdoarmos a nós mesmos é algo que precisamos fazer.

Cabe a nós perdoarmo-nos?

Embora eu estivesse disposto a me penalizar por erros do passado, oferecer misericórdia a mim mesmo parecia brincar de Deus. Se Ele deseja que nos perdoemos a nós mesmos, me questionava por que a Bíblia não o menciona dizendo algo como: "Como Eu já os liberei de sua culpa, agora vocês devem se liberar."

Surpreendeu-me o fato de TC ter-me ajudado a compreender isso, pois sem perceber, eu estava fazendo exatamente o que pensei estar evitando. Ele disse: "tenho um amigo que me criticou, pois achava que eu estava agindo como se fosse maior que Deus. Este amigo dizia constantemente: "Quem você acha que é, Deus, o Todo-poderoso? Deus o perdoa, mas você não? O que você está me dizendo? Você se acha superior a Deus?"

O saudável estímulo que TC recebeu de seu amigo me ajudou. Mais tarde, lembrei das palavras do apóstolo João, que escreveu em sua primeira carta do Novo Testamento: "E nisto conheceremos que somos da verdade, bem como, perante ele, *tranquilizaremos o nosso coração*; pois, *se o nosso coração nos acusar*, certamente, Deus é maior do que o nosso coração e conhece todas as coisas" (1 João 3:19-20).

Por que é importante lembrar que Deus é maior do que nossos corações?

João nos lembra que quando o pecado que já confessamos continua a nos atormentar, Deus vê mais claramente do que nós. Ele vê todas as coisas: o erro e o arrependimento que confessamos; o preço que Ele pagou para nos liberar daquele pecado; a confiança que colocamos em Seu Filho; a boa obra que Ele mesmo começou em nossos corações, e Ele sabe que completará o que começou em nós (Filipenses 1:6).

Deus também vê algo mais. Ele vê as pessoas ao nosso redor que são afetadas negativamente enquanto continuamos a nos condenar. Ele sabe que nunca seremos bons o suficiente em amar os outros enquanto nos recusarmos a permitir que o amor e o perdão de Deus expulsem a culpa e a vergonha de nossas vidas.

Antes de frisar o problema de autocondenação, João escreveu, "Nisto conhecemos o amor: que Cristo deu a sua vida por nós; e devemos dar nossa vida pelos irmãos. Ora, aquele que possuir recursos deste mundo, e vir a seu irmão padecer necessidade, e fechar-lhe o seu coração, como pode permanecer nele o amor de Deus?" (1 João 3:16-17).

O questionamento de João leva a outro. Como o amor de Deus pode fluir através de nós àqueles ao nosso redor, se na verdade o que estamos dizendo é o seguinte: "sei que já me perdoaste, porém os padrões e expectativas que tenho para mim mesmo são mais altos que os Teus. Não posso caminhar contigo. Não posso unir-me a ti em Tua missão de amor porque não correspondi às minhas próprias expectativas." Podemos entender isso como humildade, mas provavelmente seja orgulho ferido.

O que a culpa prolongada diz sobre nós mesmos?

Esperamos muito de nós mesmos? Quer estejamos lutando com o nosso orgulho ferido ou lamentando aquilo que perdemos, os pensamentos de Deus são mais confiáveis do que os nossos. O Salmo 103 diz: "Não nos trata segundo os nossos pecados, nem nos retribui consoante as nossas iniquidades. Pois quanto o céu se alteia acima da terra, assim é grande a sua misericórdia para com os que o temem. Quanto dista o Oriente do Ocidente, assim afasta de nós as nossas transgressões. Como um pai se compadece de seus filhos, assim o SENHOR se compadece dos que o temem. Pois ele conhece a nossa estrutura e sabe que somos pó" (vv.10-14).

Limitamos a nossa habilidade em ser o que Deus quer que sejamos? Recusarmo-nos a nos perdoar como Deus nos perdoou, prolonga e multiplica o nosso pecado. A autocondenação é o oposto da gratidão que abre o nossos corações para Deus.

Abrir os corações a Deus e aos outros é o que o apóstolo João tinha em mente quando escreveu: "Amados, se o coração não nos acusar, temos confiança diante de Deus; e aquilo que pedimos dele recebemos, porque guardamos os seus mandamentos e fazemos diante dele o que lhe é agradável. Ora, o seu mandamento é este: que creiamos em o nome de seu Filho, Jesus Cristo, e nos amemos uns aos outros, segundo o mandamento que nos ordenou. E aquele que guarda os seus mandamentos permanece em Deus, e Deus, nele. E nisto conhecemos que ele permanece em nós, pelo Espírito que nos deu" (1 João 3:21-24).

> Cada dia que nos autocondenamos, roubamos de nós mesmos a alegria de um coração grato. Cada hora que nos punimos, roubamos dos outros o bem que Deus deseja lhes fazer por meio das nossas vidas.

Cada dia que nos autocondenamos, roubamos de nós mesmos a alegria de um coração grato. Cada hora que nos punimos, roubamos dos outros o bem que Deus deseja lhes fazer por meio das nossas vidas. Em contraste, cada dia vivido na liberdade do perdão é um dia que investimos engrandecendo a Deus. Cada hora vivida em gratidão pelo perdão é um dia que investimos amando os outros em nome de Deus.

Pai celestial, em nossos momentos de reflexão, sabemos que o Senhor é maior do que os nossos corações. Tu vês infinitamente mais do que nós; a obra que Tu começaste em nós, o Espírito que Tu nos deste; o perdão que compraste para nós e o desejo que nos deste de viver em liberdade ao invés de nos escondermos nas falhas passadas. Ajuda-nos, por favor, a usar tal liberdade para amar os outros, pois o Senhor nos amou primeiro.

QUAL A MENSAGEM DA CONFIANÇA?

Qual a mensagem da confiança quando não podemos explicar nossos problemas, ou enxergar além deles?

Ouvir os outros enquanto tentam demonstrar a fé em momentos de crise pode ser confuso. Alguns dizem que estão "crendo em Deus" para obter um trabalho, pela restauração da saúde, pela reconciliação no casamento ou pelo retorno de alguém que se afastou. Outros dizem que depender de Deus significa aceitar que os Seus caminhos não são necessariamente os nossos caminhos.

Na sala de espera da oração e do desamparo, concluí que perguntas sobre o que significa confiar em Deus podem ser tão difíceis quanto o problema em si. Também descobri que por meio dessas lutas reconhecemos a sabedoria contida na Bíblia.

Não seja muito exigente consigo mesmo

Os homens e mulheres mais piedosos do passado eram profundamente atormentados por crises em suas vidas. O rei Davi deixou de se alimentar e recusou o consolo enquanto insistia com Deus pela vida de seu filho moribundo (2 Samuel 12:16-17).

Apesar de Davi ser um homem segundo o coração de Deus, as canções e gemidos de sua vida refletiam o medo e desespero recorrentes (Salmo 6:1-7). A experiência de Jó foi semelhante. Em suas escuras noites de perdas, suas primeiras demonstrações de confiança transformaram-se em amarga angústia (Jó 3). Lembramos também de Ana, a mulher estéril. As suas orações por um bebê eram tão profundas e cheias de emoção que o seu sacerdote acusou-a de estar bêbada (1 Samuel 1:13-15). O apóstolo Paulo tinha "grande tristeza e incessante dor no coração" por seus familiares e amigos não salvos (Romanos 9:2). Juntos, eles nos mostram que a confiança pode ser expressa através do choro, gemidos e até mesmo de dúvidas.

Espere não ser compreendido pelos outros
Em momentos de profunda perda e preocupação, mesmo os nossos melhores amigos tentarão descobrir o porquê das coisas nos acontecerem. Podem esquecer-se de que não se mede o sofrimento das pessoas pela proporção de seus erros. Alguns pagam rapidamente por seus erros. Outros não. Alguns sofrem por serem insensatos, enquanto outros são punidos por serem sábios (Salmo 73:1-14).

Tal ironia complicou a antiga tragédia de Jó. Quando seus amigos o ouviram expressando mágoa e desespero, presumiram erroneamente que ele estava sofrendo como consequência de um pecado secreto (Jó 4:1-9). Apesar de terem vindo compartilhar com ele a sua dor, acabaram multiplicando-a (Jó 16:2).

Não tenha medo de ser honesto com Deus
O idoso Abraão riu do absurdo contido na promessa de que Deus lhe faria o pai de muitas nações. Jacó lutou corporalmente

com Deus sobre as incertezas daquilo que lhe aguardava. Davi expressou abertamente o seu desespero e incapacidade em circunstâncias além de seu controle. Jó acusou Deus de ser injusto. Quando os céus pareciam ignorá-los — se expressaram. Quando eles acharam que tinham um argumento disponível — o expressaram. Aprenderam a confiar em Deus no escuro vale de suas dúvidas.

Dê um passo de cada vez

Às vezes é melhor dividir a jornada em etapas menores. Jesus nos encorajou a não nos preocuparmos com o amanhã, pois o dia de hoje já tem suas preocupações, que são suficientes (Mateus 6:34). Na fragilidade das emoções turbulentas e oscilantes, talvez tenhamos que nos contentar com passos menores, com a sabedoria do momento (Tiago 1:5), e a sempre presente segurança daquele que diz: "De maneira alguma te deixarei, nunca jamais te abandonarei" (Hebreus 13:5).

> De maneira alguma te deixarei, nunca jamais te abandonarei (Hebreus 13:5).

Não seja autodestrutivo

Em momentos de decepção e aflição, devemos evitar paliativos que são prejudiciais ou autodestrutivos. Nenhum de nós pode concordar com vícios que apagam a dor por um momento, mas que complicam os nossos problemas em longo prazo. Há um momento para usar sedativos (Provérbios 31:6-7), é possível usá-los em demasia causando graves danos a nós mesmos e aos outros (vv.4-5; 20:1). Também precisamos pedir a Deus que nos ajude a evitar descarregarmos a nossa ansiedade, ira, ou desespero em outros ao nosso redor. Descarregar sobre os outros pode tornar-se hábito.

Não subestime Deus

Quando estamos incapacitados, Deus não está — e esta é uma das grandes verdades bíblicas. Um sábio disse: "Tenho certeza de uma coisa: Há um Deus. E não sou eu." Se Deus não responde nossas orações no tempo e maneira que pedimos, é porque Ele pode ver o que nós não podemos. José aprendeu a confiar em Deus após ter sido vendido como escravo pelos seus irmãos mais velhos. Mais tarde, ao reencontrá-los em sua jornada, ele foi capaz de dizer: "Vós, na verdade intentastes o mal contra mim; porém Deus o tornou em bem..." (Gênesis 50:20).

Peça, mas não exija

Em circunstâncias desesperadoras, somos capazes de pensar que sabemos o que precisamos de Deus. Como uma criança pequena que não pode ser consolada, somos propensos a exigir dele o que queremos e quando queremos. Nesses momentos Deus compreende nossas fraquezas e medo. No entanto, Ele é aquele que usa as profundezas dos maiores abismos, o poder das mais poderosas quedas d'água, ou o prodígio de uma noite estrelada para nos acalmar em Sua presença (Jó 38:41). O filósofo cristão Francis Schaeffer observa que quando está na presença de Deus, parece-lhe profundamente sem sentido exigir alguma coisa (Leia Jó 42).

Duvide de si mesmo

Jó finalmente atingiu o ponto de duvidar de si mesmo mais do que de Deus. Após ser lembrado do poder eterno e da capacidade infinita do Deus da criação, ele ajoelhou-se. Com seu coração quebrantado e aliviado, Jó disse: "Bem sei que tudo podes, e nenhum dos teus planos pode ser frustrado. Quem é aquele, como disseste, que sem conhecimento encobre o conselho? Na verdade, falei do que não entendia; coisas maravilhosas demais para mim, coisas que eu não conhecia [...] Eu te conhecia só de ouvir, mas agora os meus olhos te veem" (Jó 42:2-5).

Pai da Eternidade, nós queremos confiar em ti, mas às vezes nos sentimos tão confusos. Por favor, perdoa-nos por querer respostas para que não precisemos confiar em ti. Obrigado por Tua grande paciência conosco. Por favor, ajuda-nos a ter a mesma paciência contigo, ao esperarmos para ver que os Teus planos e o Teu tempo são melhores do que os nossos.

QUAL O VALOR DO INDIVÍDUO?

Em muitas culturas, os homens são mais valorizados do que as mulheres. As pessoas ricas são mais respeitadas do que as pessoas pobres. O valor de mercado de uma pessoa é determinado pelo preço do carro: modelo, ano e condição, todos estes têm o seu significado para determinar o valor de quem os possui.

A verdade perturbadora é que os valores humanos, como a beleza física, estão com frequência nos olhos parciais de quem ama. Por isso, o que os olhos de mãe ou pai veem é sempre interessante e bonito.

Uma questão de coração

Após o nascimento do nosso filho Ben, em 1973, e da nossa filha Jen, em 1979, me surpreendi pelo grande amor que senti pelos dois. A certa altura, lembro-me de pensar: compreendi o valor de uma pessoa apenas após ter sido pai. E depois outro pensamento: e se o Diabo me abordasse querendo as suas almas?

Respostas que não satisfazem

Eis uma hipótese. O Diabo oferece a maior loteria do mundo em troca da vida de Ben. Depois, ele sugere os ganhos de uma vida inteira da família mais rica deste mundo pela vida de Jen.

Ao perceber que não chamou a minha atenção, pergunta: qual é o seu preço? Que tal, todo o petróleo do Oriente Médio? Todos os bens imobiliários do mundo? Todas as indústrias do planeta? E ainda, a felicidade pessoal, saúde e uma vida longa para você e sua esposa?"

Vocês sabem aonde isso irá parar! A sua resposta seria igual à minha. Não há dinheiro ou bens materiais que pudessem nos tentar, por preço algum, a vender um dos nossos filhos.

Mas então há outra questão. E se o Diabo me oferecesse todo o dinheiro, bens ou indústrias do mundo pela alma do filho de outra pessoa? Como reconheci que não posso pôr um preço sobre um dos meus filhos, reconheço que toda pessoa é filho de alguém. E a partir do ponto de vista de um pai, não há criança no mundo que valha menos do que a nossa. Contudo, eis que o meu caráter me denuncia. Enquanto o meu amor por meus filhos fala-me do valor inestimável de um indivíduo, a minha consciência me diz como sou inconsistente na atenção que dou aos meus filhos — assim como aos filhos e filhas de outros.

A necessidade de uma visão melhor

Só há uma Pessoa que nunca perdeu de vista o valor do indivíduo. Dia após dia, Jesus tratou homens e mulheres, velhos e novos, ricos e pobres, doentes e saudáveis como se todos eles fossem importantes. Mesmo quando lhe ofereceram os reinos do mundo por um momento em Seu próprio interesse, Ele não cedeu (Mateus 4:1-11). Jesus sempre viu nas pessoas algo pelo que valesse a pena morrer.

Por vezes, Jesus usou pequenas coisas para mostrar o valor que Ele via nos outros. Certa vez, após pedir aos Seus seguidores para arriscarem as suas vidas por Ele, perguntou-lhes: "Não se vendem dois pardais por um asse? E nenhum deles cairá em terra sem o consentimento de vosso Pai. E, quanto a vós outros, até os cabelos todos da cabeça estão contados. Não temais, pois! Bem mais valeis vós do que muitos pardais" (Mateus 10:29-31).

O seu ponto era claro. Se o Pai nos céus sabe quando um passarinho cai na terra, então imagine o quanto mais Ele ama e cuida dos Seus próprios filhos.

> Se o Pai nos céus sabe quando um passarinho cai na terra, então imagine o quanto mais Ele ama e cuida dos Seus próprios filhos.

Noutra ocasião, Jesus usou coisas grandes para mostrar o valor que Ele vê num indivíduo. Jesus perguntou a pessoas propensas a esquecerem o valor das suas próprias vidas: "Pois que aproveitará o homem se ganhar o mundo inteiro e perder a sua alma? Ou que dará o homem em troca da sua alma?" (Mateus 16:26).

A eloquência da ação

As palavras de Jesus eram poderosas, mas as Suas ações eram ainda mais reveladoras. Enquanto algumas das pessoas mais religiosas dos Seus dias ignoravam ou olhavam com desprezo às mulheres, os presos, as etnias minoritárias e as pessoas pobres; Jesus as percebia e protegia.

O valor do indivíduo para Cristo é um princípio revolucionário para a vida. Se todos nós partilhássemos o valor que Ele dá às outras pessoas, as nossas famílias e igrejas seriam lugares mais saudáveis e seguros. Negócios e indústrias seriam transformados pelos donos e gerentes que veriam os trabalhadores por intermédio dos olhos de Cristo. Nada daria mais honra ou valor, quer a amigos quer inimigos do que ser tratado como alguém "...a favor de quem Cristo morreu" (Romanos 14:15; 1 Coríntios 8:11).

> Nisto consiste o amor: não em que nós tenhamos amado a Deus, mas em que ele nos amou e enviou o seu Filho como propiciação [sacrifício] pelos nossos pecados. Amados, se Deus de tal maneira nos amou, devemos nós também amar uns aos outros (1 João 4:10-11).

O apóstolo João era um dos amigos mais próximos do nosso Senhor, durante os três anos da sua vida pública, e ficava comovido pela forma como Cristo o valorizava. O amor do apóstolo transbordava em preocupação pelos outros. No quarto capítulo da sua primeira carta, no Novo Testamento, ele escreveu: "Nisto consiste o amor: não em que nós tenhamos amado a Deus, mas em que ele nos amou e enviou o seu Filho como propiciação [sacrifício] pelos nossos pecados. Amados, se Deus de tal maneira nos amou, devemos nós também amar uns aos outros" (1 João 4:10-11)."

Pai celestial, sei que sabes a frequência com que tenho tratado os outros, como se valor de alguém pudesse ser encontrado em seu trabalho, em sua aparência, e em sua utilidade para mim. Contudo, neste momento as palavras e o sacrifício do Teu Filho movem algo profundo em meu interior. Vejo que dar valor aos outros por aquilo que tu pensas deles é muito mais importante do que valorizá-los por seus pensamentos ao meu respeito. Pela Tua graça, quero ser diferente. Por favor, deixa-me ver através dos Teus olhos. Quero que o que Tu vês no indivíduo molde também o meu pensar.

A ESTRADA PARA O REALISMO

Alguém observou que, "Os otimistas pensam que o copo está cheio pela metade. Os pessimistas pensam que o copo está metade vazio. Os realistas sabem que se permanecerem por perto tempo suficiente, terão que lavar o copo."

No campo da arte, os realistas pintam a vida com defeitos, dobras e manchas. Os idealistas pintam o objeto como eles imaginam que poderia ou deveria ser.

Na estrada da vida, ambos são importantes. Os ideais nos dão direção. Realismo nos dá mobilidade.

Porém ambos têm as suas desvantagens. O realismo pode sacrificar os nossos sonhos; o idealismo pode consumir os nossos dias numa procura fútil por um casamento perfeito, emprego ou felicidade.

O idealismo e o realismo também se refletem em assuntos de fé. Alguns pensam em Deus como um pai obsessivo e exigente, ao qual é impossível agradar. Outros pensam que Deus é como um avô indulgente, que é tão compassivo e amoroso que não existe motivo para temê-lo.

O que nós pensamos? Deus é realista ou idealista? É esta pergunta que nos leva a uma encruzilhada de ideias. Se não formos cuidadosos, bateremos de frente com pessoas que se aproximam com opiniões divergentes.

No entanto, vale a pena passar por estas encruzilhadas. Enquanto olhavam com cuidado para ambos os lados e agiam com cuidado, muitos encontraram um Deus que é bom o suficiente para nos inspirar com os Seus ideais, misericordioso o bastante para nos aceitar como somos e muito amoroso para nos deixar como nos encontrou. Esta parece ser a história da Bíblia.

> Alguns pensam em Deus como um pai obsessivo e exigente, ao qual é impossível agradar. Outros pensam que Deus é como um avô indulgente, que é tão compassivo e amoroso que não existe motivo para temê-lo.

Em um mundo perfeito, viveríamos eternamente. É dessa maneira que o drama da Bíblia inicia e termina. Todavia, nos primeiros capítulos da Bíblia, Adão e Eva perdem a sua inocência e imortalidade. O primeiro filho deles mata o irmão mais novo e desde então uma sucessão de dias bons e maus começam; construindo e derrubando as esperanças deles.

No entanto, o realismo de um mundo perseguido por conflito e morte não é o que faz da Bíblia o livro mais vendido de todos os tempos. O forte realismo da Bíblia torna-o cativante e oferece força para a jornada, trazendo a visão de um mundo melhor no final do percurso. De acordo com o profeta Isaías, um dia as armas de guerra serão recicladas em ferramentas agrícolas (2:4) e até mesmo uma ovelha indefesa se alimentará tranquilamente ao lado de um lobo (65:25). No final, aqueles que se reconciliam com Deus agora, encontrarão a paz perfeita e eterna.

Porém, o idealismo da Bíblia não é somente sobre o futuro. O Antigo e o Novo Testamento nos convocam a amar a Deus com todo o nosso coração e ao nosso próximo como a nós mesmos. Ambos enfatizam não só a regra moral do "amor", mas também as virtudes: "amor, alegria, paz, longanimidade, benignidade, bondade, fidelidade, mansidão e domínio próprio" (Gálatas 5:22-23).

Nenhuma sociedade aprova leis contra tais ideais. Não obstante, ninguém consegue cumpri-las de maneira consistente. Como enfrentamos a nossa imperfeição?

No mundo real de fraqueza humana, o judaísmo do primeiro século tinha uma resposta para a limitação moral. Alguns rabinos ensinavam que uma pessoa que obedece qualquer ordenação importante como abandonar a idolatria, assemelha-se àquele que guarda toda a lei.

Um dos autores do Novo Testamento, Tiago, traz uma abordagem diferente ao escrever: "Porque quem quebra um só mandamento da lei é culpado de quebrar todos" (Tiago 2:10).

A princípio, os rabinos que se atêm às leis que guardamos ao invés de focar-se naquelas que quebramos parecem mais realistas. Por outro lado, Tiago parece estar preparando uma armadilha para o perfeccionismo — ele diz, quebre uma lei e você quebrará todas.

Na sequência, se pensarmos na abordagem com outra perspectiva, "Guarde uma lei e guardará todas", será que dormiremos melhor? Quem ama o seu próximo como a si mesmo? Quem, ao compreender o âmago da idolatria, abandona todos os seus deuses? Quem nunca cobiçou algo? É interessante observar que Tiago não é o idealista que o versículo acima parece indicar (Tiago 2:10). Quando ele cita a lógica da lei, ele o faz somente para chamar a atenção daquelas pessoas arrogantes que se recusam em receber ou demonstrar misericórdia (vv.12-13). Ele escreve como um seguidor de Cristo (1:1).

Tiago acredita que a sua fé em Cristo o impulsiona a amar o seu próximo de modo realista e prático (1:26; 2:8).

> Tiago acredita que a sua fé em Cristo o impulsiona a amar o seu próximo de modo realista e prático (1:26; 2:8).

Tiago se refere às pessoas que falam como se fossem amigos do idealismo e realismo — sem honrar qualquer um destes.

Condutores perigosos

Os líderes religiosos que pediram a morte de Cristo tinham a lei de Deus em suas mentes, mas não em seus corações. Em público, eles eram especialistas da Lei, mas em particular, eles criaram brechas legais que lhes permitiram ignorar a observância da lei que exigiam dos outros.

Publicamente eles discutiam quais eram os ideais da moral e a lógica dos tênues limites. Eles criaram leis à volta de leis como cercas que mantinham os mais 'descuidados' dentro dos limites da lei de Moisés. Em particular, eles eram realistas o suficiente para saber que tinham que quebrar as suas próprias leis para se livrarem do rabino de Nazaré, que os fazia parecer hipócritas.

Mudando de faixa

Jesus era amável com as pessoas que os outros líderes religiosos evitavam. Ele comia e bebia com pessoas que outros líderes religiosos jamais se aproximariam. Ele tocou leprosos, falou respeitosamente com as mulheres e amou as crianças barulhentas.

O idealismo mais inspirador se encontra com o forte realismo na pessoa de Jesus. Em nenhum outro lugar encontramos uma imagem que identifique melhor o que é ser fiel aos princípios mais elevados, e ao mesmo tempo, que oferece misericórdia aos que mais sofrem.

Quando Jesus pressionou pela lógica do idealismo moral, Ele o fez para quebrantar em amor as pessoas orgulhosas (Mateus 5:20-48). Quando Jesus ofereceu misericórdia, em vez de moralidade, Ele o fez para demonstrar que tinha vindo para resgatar e não para condenar (João 3:17; 12:47).

Pai celestial, agradecemos-te por nos mostrar, através do Teu filho, que não existe conflito entre as alturas dos Teus ideais e as profundezas da Tua misericórdia. Seremos eternamente gratos por teres nos amado o suficiente para nos aceitar como somos, e não nos deixar onde nos encontraste. Ajuda-nos, por favor, a oferecer o amor e a aceitação aos outros da mesma maneira que Tu nos concedeste.

RESTAURAÇÃO NO LAR

Ultimamente, tenho feito diversos reparos em nosso lar. Pequenos projetos de construção que, à primeira vista, pareciam ser fáceis, acabaram precisando de mais tempo e dinheiro do que tínhamos originalmente planejado. Certo dia, enquanto eu levantava cuidadosamente uma nova parede, lembrei-me das palavras de Paulo: "...Porém cada um veja como edifica" (1 Coríntios 3:10) Outra pessoa havia feito o fundamento da minha casa, e agora eu estava construindo sobre este mesmo fundamento. Sinto-me na obrigação de fazer um bom trabalho porque me importo como a casa ficará, mas tenho que admitir que algumas vezes acho que isto ultrapassa a minha capacidade. Aprendi que os reparos de uma casa não acontecem por si só; é necessário trabalho árduo.

Da mesma maneira, cada um de nós está construindo uma casa espiritual com as nossas próprias vidas. No livro de 1 Coríntios 3:9-17, o apóstolo Paulo compara as nossas vidas a uma construção, cujo fundamento é Jesus Cristo e o propósito é prover uma moradia para o Espírito Santo de Deus! Ele nos aconselha a edificar de forma correta porque a obra de todo ser humano será testada pelo fogo. Mas o que significa exatamente edificar de forma correta?

Em minha opinião, existem pelo menos três coisas que devemos manter em mente para vivermos conforme a nossa fé.
1. **A vida cristã é um trabalho árduo.** Se alguém lhe falou que, ao tornar-se cristão, sua vida seria mais fácil, você foi enganado. Ser cristão não torna a vida mais fácil, mas possibilita viver ao agrado de Deus. Se este não for o nosso objetivo, algo está errado. Nada é fácil na vida de oração, no estudo regular da Bíblia, no serviço cristão ou no ato de amar o próximo.
2. **A nossa recompensa é o resultado da maneira que edificamos.** Investimos mais tempo frente à televisão do que meditando à luz da Palavra de Deus? Preferimos ser servidos ao invés de servir? Estamos preparados espiritualmente para o fogo das provações que surgirão em nosso caminho? Pessoalmente, eu preferiria receber uma recompensa a ser salvo "…através do fogo" (v.15).

> Estamos preparados espiritualmente para o fogo das provações que surgirão em nosso caminho?

Finalmente, é importante atermo-nos ao motivo pelo qual edificamos. Somos o santuário de Deus e o Seu Espírito Santo habita em nós (v.16).

Assim, na próxima vez que você se dispuser a edificar algo, pense nas palavras que Paulo nos deixou: "…ninguém pode lançar outro fundamento, além do que foi posto, o qual é Jesus

Cristo (v.11). A coisa mais importante que podemos edificar é uma vida que agrada a Deus.

Pai celestial, agradecemos por Jesus Cristo ser o firme fundamento das nossas vidas. A Tua Palavra diz que se permanecer a obra de alguém que sobre o fundamento edificou, esse receberá galardão. Ajuda-nos ó Pai a ser o Teu santuário.

SERÁ QUE DEUS TEM FAVORITOS?

Por que um pai faria mais por um de seus filhos do que pelos outros? Por que o nosso Pai celeste parece repetir o erro de um patriarca bastante conhecido da Bíblia? Jacó provocou rivalidade na família, entre os seus doze filhos, preferindo o jovem José na presença de seus irmãos mais velhos (Gênesis 37:3).

Muitas vezes, parece que o nosso Pai faz mais pelos novos cristãos do que por nós que já o conhecemos há algum tempo.

Os recém-convertidos, frequentemente, contam histórias de respostas dramáticas às orações. Alguns de nós, que já fazemos parte da família cristã por mais tempo, lutamos com o peso dos problemas que gostaríamos que o nosso Pai eterno tivesse aliviado das nossas costas há muito tempo.

Por que um Pai celestial, que tem fontes ilimitadas, parece permanecer de mãos fechadas com alguns de Seus filhos, enquanto é bastante benevolente com outros? E por que um Pai, que sempre está em todo lugar, parece afastar-se de alguns enquanto caminha tão próximo a outros? Deus age como um pai que provoca destruição na família por ter favoritos?

As respostas a estas perguntas podem ser encontradas ao estudarmos sobre os filhos de Israel. Nas fases de desenvolvimento da vida deste povo, o nosso Deus Pai mostrou que Ele se relaciona de forma diferente com recém-nascidos, com adolescentes e adultos.

O bebê necessita de ajuda para sobreviver

Quando o Pai de Israel libertou a nação recém-nascida da servidão e dos açoites do Egito, Ele o fez com grande estilo. Com estrondos que se assemelhavam a uma grande tempestade e com a persuasão de sucessivas pragas, Deus forçou Faraó até este soberano do Egito cair em dor e derrota.

Assim como Deus deu aos filhos de Israel esta impressionante demonstração de poder, Ele frequentemente dá as boas-vindas a novos cristãos com um sentimento bastante claro de libertação de pecados. O Senhor pode dar-lhes experiências vívidas para demonstrar que Ele é um Deus poderoso.

> O Senhor pode dar-lhes experiências vívidas para demonstrar que Ele é um Deus poderoso.

Os novos cristãos muitas vezes animam toda a família cristã ao compartilhar com entusiasmo o que Deus fez em suas vidas. Todavia, ao descreverem suas experiências, ainda desconhecem as montanhas que deverão escalar, pântanos que atravessarão e as experiências que enfrentarão.

A criança precisa aprender limites

Quando os filhos de Israel saíram do Egito, eles respiraram ar puro pela primeira vez depois de séculos. Não havia mais açoites, cercas limitantes ou sementes a serem plantadas. O seu alimento lhes era providenciado diariamente. A água jorrava das rochas. As possibilidades do futuro pareciam ilimitadas.

Então veio uma mudança. Ao pé do Monte Sinai, Deus entregou as ordenanças aos Seus filhos. Alguém se dedicou a registrar 613.365 ordenanças de cunho negativo, tais como: "Não ignore a situação difícil de um animal sobrecarregado." E também 248 de cunho positivo, como: "Devolva a propriedade perdida ao seu dono."

A escola de Sinai representa um limite acima da linha de educação necessária para todas as crianças. O Deus, que resgatou milagrosamente os Seus filhos da escravidão, nos ensina os princípios da liberdade. Os limites das normas familiares acompanham os benefícios dos relacionamentos pessoais.

A princípio, as normas parecem esmagadoras. Faça isto! Não faça aquilo! Não! Você vai se machucar! Foi por isso que lhe avisamos!

Lentamente, o período da intervenção sobrenatural de Deus é encoberto por um novo período de aprendizagem. À medida que Deus provê para nós, Ele anseia que aprendamos que confiar nele não é uma experiência apenas passiva. Confiar nele, segundo as Suas normas, significa estar disposto a fazer o que Ele nos diz para fazer. E em seguida começa a luta.

O adolescente necessita aprender a autocontrolar-se

Quarenta anos mais tarde, os israelitas estavam parados à margem da Terra Prometida. Após anos de preparação na presença de Deus, estavam prontos a entrar em suas próprias casas. Ao entrarem na nova terra, cessou o milagre do maná que caía do céu. Em vez de viver sob a clara e evidente sombra protetora de Deus, eles tinham que plantar novamente; cultivar o solo arrancar a erva daninha e esperar pela chuva. Deus lhes ensinava uma nova forma de confiança. Agora, os Seus milagres — reais e numerosos como antes — escondiam-se atrás da cortina do tempo imprevisível e dos problemas circunstanciais da natureza.

Gradual e amorosamente, Deus nos ensina as disciplinas da confiança, dando-nos a chance de viver por fé, ao invés de viver pelo que vemos.

> Gradual e amorosamente, Deus nos ensina as disciplinas da confiança, dando-nos a chance de viver por fé, ao invés de viver pelo que vemos.

O adulto precisa aprender a depender de Deus

Nos séculos que se seguiram, Deus continuou ao lado do Seu povo. Certa ocasião, Ele lhes deixou experimentar provisões milagrosas. No entanto, a presença e provisão eram percebidas na vida de Seu povo. Deus continuava a lhes prover diariamente, mas de maneira cada vez mais sutil. Às vezes, não compreendemos a aparente ausência de Deus em nossas vidas, mas uma reflexão honesta nos mostrará que sentimos a Sua ausência somente quando não conseguimos o que queremos, no momento em que queremos. Deus constantemente nos dá Suas provisões, pois senão nem sobreviveríamos mais a simples necessidade de respirar. Porém, como um treinador, pai amoroso e professor sábio, Ele gradualmente nos permite sentir que estamos nos tornando independentes. Será que Ele age assim para que possamos prover para nossas necessidades? Não. Ele age desta maneira para que a nossa confiança nele cresça — e não diminua.

Senhor, perdoa-nos por exigirmos que nos trates como crianças. Perdoa-nos por perguntarmos se o Teu cuidado por nós em algum momento se modificou. Obrigado por permaneceres conosco na escuridão, mesmo quando pensamos estar sozinhos. Obrigado por Tua paciência conosco e por dar-nos a oportunidade de confiar mais — e não menos — em ti.

SOBRECARGA DE INFORMAÇÃO

Nunca antes as pessoas tiveram acesso a tanta informação. Com o conhecimento humano desenvolvendo-se gradual e ininterruptamente ao longo do tempo e com os recursos da internet ao alcance dos nossos dedos, o potencial para o aprendizado parece infinito.

Ironicamente, a maior parte do que descobrimos serve para nos mostrar como sabemos tão pouco. O noticiário da agência *Reuters* informou que o telescópio espacial *Hubble* já focalizou dez mil galáxias em apenas uma pequena parte do céu noturno, do tamanho aproximado de uma lua cheia. Quem poderia imaginar o que significa descobrir dez mil galáxias em uma pequenina área dos céus? A nossa própria galáxia, a Via Láctea, é constituída de mais de 100 bilhões de estrelas, e todo o nosso sistema solar gira em torno de apenas uma delas.

A promessa do conhecimento

O projeto *Genoma Humano* é outro esforço científico que está angariando conhecimento mais rápido do que as nossas mentes conseguem processar. Este esforço global para mapear e sequenciar os mais de 20 mil genes do corpo humano promete trazer implicações esperançosas e perturbadoras no tratamento e prevenção de doenças. Decifrar o alfabeto do DNA do corpo humano trará a possibilidade de clones humanos para doar órgãos e obter melhor conhecimento do código genético humano, de maneira que toda característica humana possa ser alterada com um mínimo de risco ou erro. Mas quem pode medir os verdadeiros benefícios e riscos desse tipo de conhecimento?

> Mas quem pode medir os verdadeiros benefícios e riscos desse tipo de conhecimento?

O perigo do conhecimento

Como em todas as outras coisas, existe um lado negativo de se viver na supervia da informação. Computadores sobrecarregados podem travar e as nossas mentes podem saturar-se. Ao buscar o conhecimento útil, podemos nos perder em tempestades de dados que nos cegam. A mesma internet que estamos usando para solucionar problemas pode ser usada para procurar tutoriais de fofocas, pornografia ou instruções de como fabricar bombas.

A necessidade de sabedoria

Há muito tempo, os nossos ancestrais descobriram que o conhecimento, sem a sabedoria, é perigoso. Ao comerem da árvore do conhecimento do bem e do mal, eles cometeram o erro fatal de tentar igualar sua própria inteligência com a do Criador. Desde aquele dia, até hoje, o conhecimento adulterado significa para a mente humana aquilo que os arquivos corrompidos significam para os nossos computadores. Como os vírus que causam bilhões de dólares de prejuízo ao saturar os sistemas de informação com *e-mails* indesejados, também a busca do conhecimento sem a sabedoria, pode saturar nossas mentes e nos afogar em dados.

O significado da sabedoria

A sabedoria é o lado prático do conhecimento. Ela nos mostra aquilo que é importante, dá proporção àquilo que sabemos e nos permite usar sabiamente o discernimento para alcançar um objetivo almejado.

Existe mais de um tipo de sabedoria. De acordo com o Novo Testamento, a sabedoria do mundo é diferente da sabedoria de Deus. A primeira usa o conhecimento para adiantar-se à custa dos outros. A segunda usa o entendimento para o bem dos outros. Elas se distinguem por seus motivos. Percebendo que a verdadeira sabedoria não é somente uma faculdade mental, mas também uma condição do coração, um apóstolo de Cristo escreveu: "Quem entre vós é sábio e inteligente? Mostre em mansidão de sabedoria, mediante condigno proceder, as suas obras [...] Pois, onde há inveja e sentimento faccioso, aí há confusão e toda espécie de coisas ruins. A sabedoria, porém, lá do alto é, primeiramente, pura; depois, pacífica, indulgente, tratável, plena de misericórdia e de bons frutos, imparcial, sem fingimento. Ora, é em paz que se semeia o fruto da justiça, para os que promovem a paz" (Tiago 3:13,16-18).

Ao descrever o que está no centro de cada tipo de sabedoria, Tiago explica porque o conhecimento torna algumas pessoas arrogantes, enquanto capacita outras a amar. A sabedoria que ele recomenda é pura porque não está infectada pela ambição egoísta. É pacífica, porque valoriza o bom relacionamento com os outros. É amável, porque sabe o valor de tratar os outros com cuidado. É compreensiva e cheia de misericórdia e de bons frutos. Ela também é imparcial e sincera, pois coloca o bem-estar dos outros acima dos seus interesses egoístas.

A fonte da verdadeira sabedoria

Quando reconhecemos que o conhecimento sem a sabedoria é como um casamento sem amor, entendemos porque Salomão escreveu "Feliz o homem que acha sabedoria, e o homem que adquire conhecimento; porque melhor é o lucro que ela dá do que o da prata, e melhor a sua renda do que o ouro mais fino. Mais preciosa é do que pérolas, e tudo o que podes desejar não é comparável a ela" (Provérbios 3:13-15).

Salomão descreve o tesouro inestimável encontrado pelos que pautam suas vidas nos princípios da Bíblia. O Antigo Testamento descreve uma sabedoria que se inicia com o temor a Deus e está cercada de discernimento prático dos princípios atemporais (Provérbios 1:1-7; 9:10). O Novo Testamento confirma a sabedoria de Moisés e Salomão, mas vai além. Com a vinda de Cristo, os autores dos evangelhos nos apresentam alguém que faz empalidecer a sabedoria de Salomão. Como Filho de Deus, Jesus mais do que ensinar verdades, conhecimento e sabedoria personificou tudo isso (1 Coríntios 1:20-31).

Como Senhor do céu e da terra, Jesus poderia ter nos sobrecarregado com novas informações. Ele poderia ter discursado sobre ciência, teologia e filosofia nas academias mais prestigiadas. Porém, quando caminhou entre nós, Jesus falou sobre o que sabia ser mais importante. Ensinou-nos sobre honrar o

Pai celestial e reconhecer o valor em pessoas desconsideradas pelos outros.

Demonstrando sabedoria com amor, Jesus era hábil em destacar outras formas de conhecimento. Ele simplesmente fazia perguntas do tipo: "Pois que aproveitará o homem se ganhar o mundo inteiro e perder a sua alma? Ou que dará o homem em troca da sua alma?" (Mateus 16:26).

Pai celestial, distraímo-nos muito fácil daquilo que é importante. Somos tão propensos a nos orgulharmos e sermos autossuficientes. Renova-nos, pedimos, uma vez mais, no conhecimento, na sabedoria e no amor de Teu Filho.

UMA PROFECIA

Uma das profecias mais impressionantes da Bíblia foi feita em meio a um desastre nacional. O orgulho de Israel tinha sido quebrado. No auge de uma derrota militar, algumas pessoas dentre as mais religiosas do mundo perguntavam se Deus as havia abandonado. Alguns dos jovens mais brilhantes e inteligentes de Israel haviam sido levados para o exílio, na Babilônia; uma região conhecida hoje como a nação do Iraque.

Um desses jovens exilados chamava-se Daniel. Nas sombras escuras da Babilônia, ele conquistou boa reputação por interpretar sonhos e predizer o futuro. Hoje, olhamos para trás, vemos Daniel como um importante profeta judeu que não apenas reforçou a expectativa da vinda do Messias, mas também profetizou quando Ele viria. Essa profecia é tão provocativa que muitos estudiosos tentaram argumentar que ela, no centro da controvérsia, deve ter sido escrita após o fato ter ocorrido.

Entretanto, em 1948, foram encontrados pergaminhos das cópias antigas de Daniel, no Mar Morto. Os estudiosos se viram forçados a admitir que as profecias de Daniel não foram escritas nos dois séculos seguintes ao nascimento de Jesus. Tal conclusão situa as profecias muito antes dos acontecimentos que foram profetizados.

O que foi que Daniel anteviu? Ele afirmou que o tão esperado Messias judeu viria antes da destruição de um templo reconstruído. Mais especificamente, o profeta disse que o Messias viria após um período de 69 semanas. Esse é o tipo de profecia que merece a primeira página de qualquer jornal do mundo.

Quais os bastidores dessa profecia?

Setenta semanas de história — Ainda no exílio, Daniel compreendeu porque essa nação fora derrotada pelas invasões da Babilônia em 605 e 586 a.C. Ao estudar o profeta Jeremias (Jeremias 25:11; Daniel 9:2), Daniel descobriu que o seu povo estava suportando 70 anos de exílio por causa de 490 anos de negligência espiritual. Durante esse período, eles mostraram sua indiferença por Deus, não dando os descansos sabáticos aos campos, a cada sete anos.

Setenta semanas de futuro — Quando Daniel olhou para trás, ao ver os 490 anos de idolatria e infidelidade espiritual compreendeu que sua geração era um ponto central da história.

Conforme o livro de Daniel 9, o anjo Gabriel apareceu a ele e revelou-lhe que haveria mais um período de "70 semanas" antes da vinda do Messias de Deus para trazer paz, pela qual eles estavam esperando (Daniel 9:24-27; Isaías 2:1-4; Gênesis 12:1-3).

A profecia era messiânica

Alguns escritores judeus insistem que o Messias profetizado pela visão de Daniel foi o rei persa Ciro, que conquistou a Babilônia e então deu ao povo judeu a permissão de retornar à sua pátria. Eles destacam o profeta Isaías, o qual cita Deus referindo-se a Ciro como "...ao seu ungido..." (literalmente "meu Messias"), em Isaías 45:1.

Ciro foi o servo escolhido de Deus para fazer Israel voltar à sua terra natal. Mas Ciro não tem os outros atributos divinos (Daniel 9:24). O Messias anunciado por Daniel viria 69 semanas após o decreto da volta. Então esse Messias seria extirpado como um derrotado, antes da tão esperada era da paz messiânica.

A profecia diz quando o Messias viria

Ao olharmos para trás, a profecia de Daniel mostrava que o Messias viria 69 semanas (69 x 7= 483) após a "...saída da ordem para restaurar e para edificar Jerusalém..." (Daniel 9:25). Quando foi dado esse decreto? Há três possibilidades. A Bíblia menciona três editos de dois reis persas que deram ao povo judeu a permissão de voltar para sua pátria. Em 538 a.C., Ciro expediu um decreto, permitindo que o povo judeu começasse a reconstruir o seu templo. Mais tarde, Artaxerxes publicou dois decretos. O primeiro, em 458 a.C., também autorizou a reconstrução do templo. O segundo, em 444 a.C., mostra claramente que foi permitida a restauração de ambos, do templo e da cidade de Jerusalém.

Para ver o maravilhoso significado dessa profecia, observe o que acontece se provarmos a veracidade do que Daniel estava profetizando em 483 (69 x 7) anos em lugar de 483 dias ou meses. Se começarmos em 538 a.C., e seguirmos a profecia de Daniel das 69 semanas chegaremos aproximadamente a 55 a.C. Se começarmos em 458 a.C., chegaremos a 25 d.C. E se começarmos em 444 a.C., e seguimos 483 anos para frente, chegaremos mais ou menos a 38 d.C.

Acrescentando 483 anos a qualquer dessas datas mencionadas, eles nos conduzirão a uma época que está próxima, mas antecede a destruição de Jerusalém em 70 d.C. Se Daniel estivesse profetizando 483 períodos de tempo maiores que os anos, o resultado iria além do ano 70 d.C.

A profecia diz que o Messias seria "morto"
Embora Jesus de Nazaré vivesse dentro do período que Daniel parecia prever, muitos judeus insistem que Jesus não podia ter sido o verdadeiro Messias porque não trouxe o tão esperado reino de Deus. Entretanto Daniel, junto aos outros profetas judeus, indica que o Messias de Israel seria "morto" (assassinado) em uma aparente derrota, antes de reinar como o Rei dos reis (Daniel 9:26; Isaías 53:1-8, 10-12; Zacarias 12:10; 14:3-9).

A profecia mostra que o Ungido seria morto após as 69 "semanas" e antes do reinício das 70 (Daniel 9:26-27).

Você reconhece as implicações dessas afirmações? Daniel não previu apenas um período determinado para a vinda do Messias, mas também nos falou que o Ungido seria rejeitado antes de trazer a paz do Seu Reino a essa terra.

Quem poderia ser esse Messias?
Quem qualificaria — dentro do período profético de Daniel — como sendo o Messias "morto"? E se o Jesus crucificado e ressurreto é o único a se qualificar, quem pode ousar ignorá-lo? Se somente Cristo é o Salvador e Rei prometido por Deus, para onde — a não ser para Ele — podemos nos voltar para obter perdão e imortalidade? Se Ele veio pela primeira vez, como foi profetizado, temos todas as razões para ouvir Sua promessa de voltar num tempo que somente Deus conhece. Nosso Senhor diz: "Por isso, ficai também vós apercebidos; porque, à hora em que não cuidas, o Filho do Homem virá" (Mateus 24:44).

Pai eterno, somos gratos pelas profecias registradas em Tua Palavra. Sabemos que Jesus é o Messias prometido e anunciado no livro do profeta Daniel. E agora temos a certeza que um menino já nasceu e Ele é o Seu Filho Jesus. Sabemos que o governo está sobre os Seus ombros e que Ele é Maravilhoso Conselheiro, Deus Forte, Pai da Eternidade, Príncipe da Paz. Conceda a Tua sabedoria àqueles que ainda não creem na vinda deste Messias, o nosso querido Senhor e Salvador Jesus.

OS SONS DA MÚSICA

O som do louvor alcançou uma nota dissonante. Em muitas congregações a mudança de estilos musicais origina conflitos.

Alguns membros de igreja sentem falta dos hinos solidamente doutrinários. Do outro lado do corredor está uma geração que parece se alegrar com novas músicas, maior volume e letras repetitivas.

Ao longo dos anos, estive em ambos os lados. Algumas vezes fui insensível com aqueles que são mais velhos do que eu. Outras, senti que a música dos jovens tinha ultrapassado o limite da reverência e do bom gosto. A esta altura, acho que entendo menos de música do que entendia há 30 anos.

No entanto, tenho certeza que nenhum de nós pode permitir o alto custo das amargas desavenças. Mesmo que cantemos hinos ou canções de louvor com piano, sintetizador, *playback* ou com uma orquestra ao vivo, todos perdemos se a reputação de Cristo for prejudicada pelos cristãos que se tornam amargos uns com os outros.

Além disso, não podemos permitir que as nossas diferenças nos façam perder a confiança no dom da música dado por Deus. As Escrituras deixam claro que o próprio Deus nos concedeu o dom da música por muitas razões importantes.

O dom da música é uma maneira de elevar corações pesarosos.

Em uma história bem conhecida do Antigo Testamento, um músico e pastor chamado Davi usou o som da harpa para aliviar episódios intermitentes de depressão que acompanhavam o rei de Israel (1 Samuel 16:23). Certamente, o relato bíblico não está afirmando que a música é a cura para a depressão. Mas o uso do instrumento de Davi demonstra que uma música habilmente apresentada pode ter um efeito poderoso, mesmo temporário, sobre as emoções do nosso coração.

O dom da música é uma maneira de ensinar uns aos outros

O maior livro da Bíblia mostra o valor que o nosso Deus dá à música. O livro de Salmos foi dado para nos ajudar a expressarmos ao som da música o nosso louvor e adoração. Entretanto, de acordo com o Novo Testamento, os salmos fazem parte de uma estratégia musical para ensinar a Palavra de Deus. O apóstolo Paulo escreveu: "Habite, ricamente, em vós a palavra de Cristo; instruí-vos e aconselhai-vos mutuamente em toda a sabedoria, louvando a Deus, com salmos, e hinos, e cânticos espirituais, com gratidão, em vosso coração" (Colossenses 3:16).

O dom da música é uma maneira de expressar um coração cheio do Espírito Santo

O mesmo apóstolo chamou atenção ao uso da música quando ensinou os cristãos a como ter uma vida cheia do Espírito de Cristo. Em sua carta aos efésios, ele escreveu: "Por esta razão, não vos torneis insensatos, mas procurai compreender qual a vontade do Senhor. E não vos embriagueis com vinho, no qual há dissolução, mas enchei-vos do Espírito, falando entre vós com salmos, entoando e louvando de coração ao Senhor com hinos e cânticos espirituais, dando sempre graças por tudo a nosso Deus e Pai, em nome de nosso Senhor Jesus Cristo, sujeitando-vos uns aos outros no temor de Cristo" (Efésios 5:17-21).

O dom da música é uma maneira de demonstrarmos o nosso amor uns pelos outros

Como toda a Escritura pulsa pelo princípio do amor, podemos ter certeza de que a música e o nosso envolvimento espiritual com ela serão marcados pela sensibilidade e preocupação com os outros.

Comoveu-me ao longo das últimas décadas ver membros da igreja da geração de meus pais suportar a música de um grupo de jovens. Vi homens e mulheres maduros que iriam preferir cantar hinos mais familiares graciosamente tolerar canções da juventude. Eu sabia que a maturidade espiritual deles e o seu profundo amor por seus filhos e netos os tornaram dispostos a suportar a música e o volume que lhes irritava os nervos. Pude compreender que para esses pais e avós nada era mais importante do que ver seus filhos e netos conhecerem e amarem Cristo de todo coração.

Às vezes gostaria que, da mesma maneira, os jovens pudessem ser sensíveis com seus pais e avós. Certamente existem momentos e ocasiões para ajustar o volume e mudar o estilo em respeito àqueles que nos criaram até este momento. No entanto, não se deve esperar maturidade da juventude. De acordo com o apóstolo Paulo, quando somos velhos, deixamos "...as coisas próprias de menino" e aprendemos o significado do amor autossacrificial (1 Coríntios 13).

O dom da música é uma maneira de expressar corações agradecidos.

Os Salmos pedem "...um novo cântico..." (Salmo 40:3). Novas bênçãos requerem novas expressões de louvor. Deus não quer que cantemos músicas antigas? Músicas e salmos antigos são maneiras poderosas de renovar a nossa estima por Deus. Mas a atitude do coração é o problema. Deus deseja cânticos em nossos corações continuamente. O que importa são as melodias silentes que estão em nossos corações durante a semana. A música é um meio de nos ajudar a expressarmos uns aos outros e a Ele a maravilha de quem o Senhor é e o que Ele fez por nós. As canções do coração são meios importantes para nos ajudar a compreender que o nosso Deus é sempre muito melhor e está muito mais perto do que pensamos que está. (Experimente. Entoe baixinho e em seu coração uma de suas canções favoritas ao Senhor).

Não permitamos que as discordâncias sobre música nos roubem o louvor que Deus nos deu para enlevar nossos corações uns aos outros e a Ele. Se devemos discordar, certifiquemo-nos de que seja uma diferença que não traga tristezas e que não nos impeça de louvar por meio da música.

Pai celestial, obrigado pelo dom da música. Dá-nos, por favor, sabedoria e amor uns pelos outros para que com nossos pais, avós, filhos e netos, atravessemos as turbulentas águas das mudanças culturais. Não nos permita tornar Teu dom em um argumento que nos divida. Dá-nos uma canção em nossos próprios corações até mesmo quando a música ao nosso redor parecer muito rápida, lenta, antiga ou nova.